スサノヲの正体

ヤマトに祟る荒ぶる神

戸矢学

河出書房新社

まえがき　最大最強の神・スサノヲ

全国各地で開催される、いわゆる「お祭り」は、近年ますます盛況になっている。なかには単なるイベントになってしまったものも少なくないが、山車《だし》や神輿《みこし》が「神の乗り物（依り代）」として神社に発して神社に還る姿である限り、その本質が失われることはないだろう。山車や神輿は、いわば「移動する神社」なのである。

なかでも名実ともに日本一盛大な祭りは、なんといっても京都の祇園祭《ぎおんまつり》である。九世紀から続く伝統ある大祭で、毎年七月は丸々一ヶ月間にわたって京都は祇園祭一色となる。とりわけ、山鉾《やまほこ》巡行は盛大で、全国に祭礼は多いがこれに匹敵するものはないと言っていいだろう。「動く美術館」などとも称えられる豪華な山鉾が妍《けん》を競い合うもので、本来の「祭りの目的」を忘却させるほどのものである。これが、八坂《やさか》神社（祇園社）の大祭であって、本来は「祇園御霊会《ぎおんごりようえ》」という。その名の通り、「御霊《ごりよう》（怨霊《おんりよう》の美称）」を鎮める祭りである。

▼八坂神社（通称　祇園さん）京都府京都市東山区祇園町北側／旧山城国　愛宕《おたぎ》郡

【祭神】素戔嗚尊《すさのおのみこと》（配祀）櫛稲田姫命《くしいなだひめのみこと》　神大市比賣命《かむおおいちひめのみこと》　佐美良比賣命《さみらひめのみこと》　八嶋篠見神《やしまじぬみのかみ》　五十猛神《いたけるのかみ》　大

屋比賣神　抓津比賣神　大年神　宇迦之御魂神　大屋毘古神　須勢理毘賣神　稲田宮主須賀之八耳神

では、これほどに盛大に祭って鎮魂される「御霊（怨霊）」とは何ものなのか、といえば、他でもない、当社主祭神の素戔嗚尊《すさのおのみこと》（須佐之男命）ということになる。神社そのものが、祭神を鎮魂するために創建されたものであるのだから、至極当たり前のことであるが、当社ではスサノヲを怨霊として鎮魂しているというわけである。

スサノヲが、怨霊？……意外に思われる読者が少なくないだろうが、まぎれもなく京都人はそのように認識してきた。明治元年（一八六八年）の神仏分離令によって、それまで祇園神《ぎおんしん》（牛頭天王《ごずてんのう》）を祀っていた祇園社が、社名を八坂神社に変えるとともに、主祭神も素戔嗚尊に変更したのだが、すでに創建当初から主祭神はスサノヲと同一同体であるとされていたので、暗黙の内に祇園神とはスサノヲであると古くから京都人には信じられていたようだ（＊詳細は第2章にて）。

ちなみに京都という街が、御霊《ごりょう》信仰（つまり怨霊信仰）の街であることは知る人ぞ知る事実であって、そのことは拙著『鬼とはなにか』でも詳述したが、上御霊《かみごりょう》神社や北野天満宮、白峰神宮、安井金比羅宮などは、もともとはいずれも怨霊鎮魂のための神社である。京都は、いわば街中に祟り鎮めの神社や寺院があちこちに建っていて、そうしなければならないほどの状況であったのだろうと容易に想像される。中世ヨーロッパのペストさながらに、伝染性の疫病が猖獗《しょうけつ》を極めていたのである。

そして、八坂神社こそはそれらをはるかに凌駕する御霊信仰社であって、祇園祭の歴史や規模がそ

八坂神社・西楼門

のことを示唆している（＊詳細は後述）。つまり、祇園祭が日本一盛大であるならば、怨霊神スサノヲは日本一恐れられてきた疫神であると言えるかもしれない。京の街にはいたるところに死体が放置されていて異臭腐臭に満ちていたと多くの記録にある。堂上公家たちは邸《やしき》の奥深くに逼塞し、香を焚きしめてしのいでいた。治療法も治療薬もほとんどなきに等しい時代にあって、人々は悪疫が通り過ぎるのをただただ祈りながら傍観するよりほかに道はなかったのだ（しかも疫病は、放置していてもいずれ必ず収束する！）。

ことは京都に限定された地方信仰の問題にとどまらない。京都が八世紀からこの国の都であるのだから当然でもあるが、なにしろ「八坂神社（祇園社）」は全国に勧請され（約三〇〇〇社）、その大祭である「祇園祭」は全国各地でも盛大におこなわれているからだ（博多祇園山笠、会津田島祇園祭、佐原祇園祭など）。平安時代の初頭から中頃あたりは、それだけ広範囲に疫病が蔓延していたということなのだろう。スサノヲ＝牛頭天王は、そんな時代の京都に降臨した。

しかし周知のように、スサノヲを「英雄」とする視点もあって、むしろ一般的には、怨霊とか祟り神であるよりも、そちらのイメージのほうが強いかもしれない。なにしろヤマタノオロチという怪物を（＊日本の数ある伝説伝承の中で最もグロテスクな怪物を！）退治して、生け贄とされかかっていた女性を救済して妻にしているのだから。この物語構造こそは世界中で共通認識される英雄伝説の典型的なものであろう。

その活躍地は記紀神話に直結する出雲の須我《すが》である。

スサノヲはこの地に日本初の宮殿（「日本初之宮」という）を設けて住まいし、スサノヲはここで日本最初の和歌を詠んだとされる。

その地には現在、須我神社が鎮座しており、全国の須賀神社五〇〇余社の源流ともされている。

▼**須我《すが》神社**　島根県雲南市大東町須賀
【祭神】須佐之男命　奇稲田姫命　清湯山主三名狹漏彦八嶋野神　（配祀）武御名方命

また、出雲にはスサノヲみずからの名を与えたとされる須佐神社も鎮座しており、ほど近い宮尾山こそは元宮で、スサノヲの御霊《みたま》が鎮まる地ともされている（ちなみに同社社家は須佐氏を名乗っている）。

▼**須佐神社**　島根県出雲市佐田町須佐
【祭神】須佐之男命　（配祀）稲田比売命　足摩槌命　手摩槌命

さらには、はるか関東の埼玉県大宮に鎮座する大社・氷川《ひかわ》神社は、武蔵一宮であり、明治天皇によって東京遷都直後より特別に篤く信仰されているが、その祭神こそはスサノヲである。埼玉県・東京都を中心に関東一円で三〇〇余社鎮座する。

▼**氷川《ひかわ》神社**（通称　お氷川様）埼玉県さいたま市大宮区高鼻町

【祭神】須佐之男命　稲田姫命　大己貴命　（配祀）倉稲魂命

ところがスサノヲは、高天原神話では、生まれた当初は駄々っ子で、父イザナギの言うことを聞かず、アマテラスの支配する高天原（神の国）で乱暴狼藉の限りを尽くし、ついに追放される。つまり悪神の代表である。

そして降臨した中津国（人の国）では、いきなりヤマタノオロチを退治して人質の娘を助け、英雄と称えられ、聖なる土地を得て、そこに愛妻と共に宮殿を建設した。つまり、建国の英雄である。

これほどに毀誉褒貶の極端な神は、他にいない。いったいどちらが「正体」なのか。あるいは突然変異したのか。それとも別々の異なる神格が合体したのか。これまで様々に論じられてきたが、依然として謎である。

本書はその「正体」を明らかにするために、彼の出現あるいは活躍した場所、地域から繙《ひもと》いていこうというものである。スサノヲは、高天原を追放されて後は、出雲、埼玉、京都に深く関わっている。ゆえに、彼の実相に迫る手掛かりは、この三カ所から得られるであろうと考えている。

そしてもしそこに確証が見出せるとするならば、それこそは実存的な最大の手掛かりであろうし、逆に単なる後付けの伝説にすぎないとなれば、その正体や素性の究明からは縁遠い土地となるからである。

筆者は長年に亘り神話および古代史の研究に取り組んで来ているが、様々なテーマで書き下ろすたびに、少しずつスサノヲの手ががりを得て、いつのまにかそれが蓄積した。それらすべてが有機的に連結して、ある種の方向を見せようとしている。それゆえ、日本神話において最大最強の神の血脈が、時代を超えてここに蘇ると確信している。

なお、スサノヲ（スサノオ）の神名表記は、他の神名と同様に文献や神社によって異なるが、主要な表記は以下の三種に大別される。また、「建速《たけはや》」「建早《たけはや》」を冒頭に冠するものもあるが、「いさましい」程度の強調形容であろう。これを略して「建」のみを冠するものもある。「健」「武」は「建」の異字であろう。「健速」「武速」も「建速」の異字。

■**須佐之男命**（『古事記』表記）
「須」が「素」などの他の字。

「佐」が「左」などの他の字。

「之」が不記、また「廼」「能」「乃」「ノ」「奈」などの他の字。これによって、「の」には特に意味はなく単なる接続詞であって、「すさ」にのみ意味があることが理解される。

「男」が不記、また「雄」「遠」「尾」などの他の字。

「命」が「尊」「神」など他の字。

■**素戔嗚尊**（『日本書紀』表記）
「尊」が「命」「神」「大神」「大御神」など他の字。

■**須佐能袁命**（『出雲国風土記』表記）
「袁」が「烏」「乎」などの他の字。

異字は、いずれも当て字であって、とくに意味はない。

この他に一部、建速大神、建速命などの略称もある。
佐々廼雄命、志佐之男命、進雄神などは転訛あるいは近縁音の当て字であろう。口語で伝承されてきたものを、ある時点で文字表記する必要があって、その際にあらためて漢字を当てたことでこうした異字表記が生まれたものであるだろう。
櫛御《くしみ》食神《けのかみ》などの異種表記もある。また、語尾に「櫛御《くしみ》魂《たま》」「奇御《くしみ》魂《たま》」「幸御《さきみ》魂《たま》」「荒御《あらみ》魂《たま》」「和御《にぎみ》魂《たま》」などを付し、限定的な信仰を表すこともある。

以上のように、表記のヴァリエーションはきわめて多様であって、これらの組み合わせによる表記の種類は、ほぼ無限にあるといってよいだろう。したがって、「組み合わせ」による表記論は無意味である。スサノヲを神名から検証するのであれば、「スサ」の一点に限定されるべきと考える所以である。

なお、本書は各章を地域によって論ずるという組み立てとしているが、その呼称は高天原を別として現代の地域名をも用いて現代人へのわかりやすさ優先とした。京都を山城に、関東（埼玉）は武蔵等の旧国名にすると、その呼称が用いられていた時代に限定するかのような誤解を避けるためである。旧国名といえども、スサノヲの活躍した時代には存在しなかったわけであるから当然ではあるが、通史的な呼称が存在しないためでもある。

令和元年神奈月　戸矢 学

スサノヲの正体

ヤマトに祟る荒ぶる神

◉

目次

まえがき　最大最強の神・スサノヲ　1

第1章【高天原篇】異端児として生まれたスサノヲ……日月星辰の原理　15

スサノヲ、高天原へ　15
スサノヲが犯した日本人の原罪　20
スサノヲ神話の「異質性」　25
日月星辰の四貴子　30
スサノヲの流刑　37
地主神となったスサノヲ　42

第2章【京都篇】怨霊神となったスサノヲ……祇園会にみる都人の恐怖心　55

「祇園神」の由来　55
「祇園祭」の意義　61
全国の主な「祇園社」　66
蘇民将来《そみんしようらい》　74
祇園祭の祭神は「鬼」なのか？　78
京都の出雲　82

第3章【出雲篇】ヤマタノオロチを退治したスサノヲ……英雄か梟雄か　89

禊《みそぎ》から始まる出雲神話　89
出雲へ降《くだ》って変身するスサノヲ　95
出雲への渡来伝承　99
オオクニヌシの来歴に潜む謎　104
「国譲り」はなかった　111
オオクニヌシを讃えていない出雲神話　116
消された「建国神話」　120
望郷　126

第4章【関東篇】関東の開拓者となったスサノヲ……蓬莱山を求めて　130

富士山の都　130
四方拝《しほうはい》の示唆するもの　137
冬至の日の出を望む「肥沃の地」　143
「大宮《おおみや》」に「王宮《おうきゆう》」を見る　147
繁栄した都のゆくえ　151
アラハバキとは何者か　158
氷川は「火の川」　162

第5章【大和篇】オオクニヌシに国譲りしたスサノヲ……イヅモ族の発祥　169

スサノヲが献上した〝草薙剣《くさなぎのつるぎ》〟　169
韴霊剣《フツノミタマノツルギ》の謎　174
剣号　179
実在する神剣　182
乙巳《いつし》の変は禊《みそぎ》か　186
スサノヲの血脈　195
スサノヲの子・五十猛《いそたける》の原像　204
「罪」のゆくえ　211

あとがき　ヤマトの世界観と乖離《かいり》するスサノヲ像　215

スサノヲ関連系図　219
主な参考資料　220

装幀――山元伸子
カバー・扉絵は描かれたスサノヲ像
（小林永濯「神話図」板橋区立美術館蔵）

スサノヲの正体

ヤマトに祟る荒ぶる神

『古今英雄鑑』より（著者蔵）

第1章【高天原篇】

異端児として生まれたスサノヲ……日月星辰の原理

スサノヲ、高天原へ

日本神話に描かれたスサノヲは多様であるが、最も象徴的なシーンは、なんといっても高天原へ向かうその時であろう。『古事記』にはこうある。

父イザナギはスサノヲに対して、

「いたく忿怒《いか》りて詔《の》らししく、
しからば、なはこの国に住むべからず」

イザナギが激怒してスサノヲに追放を命じたと明言されている。もうこの国に住んではならぬ、とイザナギの言葉として記されている。

するとスサノヲは、すかさず次のように述べて高天原へと向かうのだ。

「――しからば、天照大御神に請《もう》して罷《まか》らむ、といひて、すなわち天に参上《まいのぼ》る時に、
山川《やまかは》ことごとく動《とよ》み、国土《くにつち》みな震《ゆ》りき。
しかして天照大御神、聞き驚きて詔らししく、
あがなせの命の上り来ますゆゑは、必ず善《よ》き心にあらじ。わが国を奪はむとおもほすにこそ、
と詔らして、すなわち御髪《みかみ》を解《と》かし、御みづらに纏《ま》かして、……弓腹振り立てて、……いつの男
建び踏み建びて待ち、問いたまひしく、
何のゆゑにか上り来ませる……」

以下は口語訳。

スサノヲが、ではアマテラス大御神にご挨拶してから去るとしましょう、と言って高天原へ上り行く様子は、山も川もことごとくが揺れ動き、大地の全体が震えた。

そのためアマテラスは驚いて、スサノヲが上って来るのは絶対に善良な心からではないに違いない、高天原を奪おうと思ってのことに違いないと言って、

その髪の毛をほどいてみずらに結って（軍装して）、弓を振り上げて、雄々しく振る舞って問うた。何をするために上って来たのか、と。

これがスサノヲとアマテラスの出会いのシーンである。スサノヲが高天原へ上ろうとするだけで、
「山川《やまかは》ことごとく動《とよ》み、国土《くにつち》みな震《ゆ》りき。」
とは、ただごとではない。歩いただけで大地震が惹起されたかのようだ。まるで巨大な火山が噴火

したかのようではないか。

この一行をもって古来スサノヲを「荒ぶる神」と日本人は呼び習わしてきた。そしてその結果として、容貌姿形はツノのない鬼とでもいうような、あるいは閻魔大王と相似形でもあるかのようなイメージが流布された。恐怖の大王である。

この様子を聞き及んだアマテラスが、軍装に身を固め、戦闘態勢を取って詰問したというくだりと対応している。最高神であるアマテラスにそこまで警戒させるに値する〝脅威〟を顕わしていたということであるだろう。さながら大地震か火山噴火が突発したかのような比喩であって、アマテラスを恐れさせると同時に、高天原の神々をも恐れさせたということである。国家を震撼させる、あるいは国土を震撼させる脅威である。だからこそ、アマテラスは〝戦闘態勢〟を採るのである。これはすなわち、ヤマトにとっての「脅威」を意味している。スサノヲは、ヤマトの敵なのだ。

しかしこの直後、両神は武力衝突するのではなく、「宇気比《うけひ》（誓約）」によって雌雄を決することとなる。宇気比とは吉凶、正邪、成否などの判断を仰ぐ古代の占いであるが、人間が判断に窮した際に「天意神意を問う」ものなので、アマテラスとスサノヲがこれをおこなうのは、いったい誰の天意神意を問うものなのか、なにやら自家撞着めいている。日本の神話も歴史も通して初めて記録される宇気比であって、この後も卑弥呼をはじめとして、古代日本の少なからぬ統治者が国家的に重要な場面で宇気比をおこなっている。要するにこれが「宇気比の原型」と言ってよい。

論理的に突き詰めれば、この際の天意神意はアマテラスとスサノヲ以前の神であって、天地開闢からの神代七代であろうと考えるのが妥当であろう。

この逸話で重要なことは、アマテラスとスサノヲさえもが「天意神意」を問うた、ということである。つまりどちらも「絶対神」ではないということになる。少なくとも、この時点においては、まだ絶対神にはなっていない。後世、両神ともにある意味では絶対神化されるが、その両神さえもが判断を仰いでいた神々がいるということは重要な示唆である。日本の神信仰は、これを源流としているのだ（とはいうものの、本書はスサノヲの正体を見極めるものであるので、このテーマはここではこれ以上追求しない）。

さて、宇気比の結果、なぜかアマテラスは負けてしまう。否、スサノヲが勝たされてしまった、と言うべきかもしれない。その結果、世界を暗闇に陥らせることとなる。

【書き下し文】

（スサノヲは）あれ勝ちぬ、と云ひて、勝ちさびに天照大御神の営田《つくだ》の畦《あ》を離《はな》ち、その溝《みぞ》を埋《う》み、大嘗《おほにへ》聞こしめす殿に屎《くそ》まり散らしき。

【訳文】

吾れが勝ったぞと言って、勝ちに乗じてアマテラスの稲田の畦を破壊して溝を埋めてしまい、大嘗祭で新穀を供える御殿に大便をして振りまいた。

さらに、アマテラスが取り成すのも聞かずスサノヲは増長する。

【書き下し文】

なほその悪しき態《わざ》止まずて転《うたて》ありき。
天照大御神、忌服屋《いみはたや》に坐《いま》して神御衣《かむみそ》織らしめたまひし時に、
その服屋の頂を穿《うが》ち、天の斑馬《まだらうま》を逆剝ぎに剝ぎて堕し入るる時に、
天の服織女《はとりめ》見驚きて、梭《ひ》に陰上《ほと》を衝きて死にき。
かれここに、天照大御神畏み、天の石屋戸《いわやど》を開きて刺しこもりましき。
しかして高天原みな暗く、葦原の中つ国ことごとく闇《くら》し。
これにより常夜《とこよ》往《ゆ》きし、ここに万の神の声《おとなひ》は狭蠅《さばへ》なして満ち、
万の妖《わざはひ》ことごと発《おこ》りき。

【訳文】

それでもその乱行はやまず、アマテラスが機織《はたおり》所で神の衣服（神御衣《かんみそ》）を織らせていた時に、その屋根を破って、皮を剝ぎ取った斑毛の馬を投げ入れ、これを見て驚いた機織女《おりひめ》が、梭を女陰に突き刺して死んでしまった。アマテラスはいたく恐れて、石屋戸を開いて、その中に籠もってしまった。そのため、高天原すべてが暗闇となり、地上も真っ暗になった。そして夜はいつまでも続き、神々の声は五月蠅《うるさ》いほどに満ちて、あらゆる災いが生じた。

この時を境に、スサノヲの運命は急転直下、〝堕天使《だてんし》〟となる（ちなみにキリスト教では、神の創した者でありながら、神に反逆して罰せられ、天界より追放された天使を堕天使というが、堕落した天使とは悪魔という説もある）。

しかし不思議なのは、この結果としてスサノヲに科せられた最大の罰が「追放」であったというこ

とであろう。以後の神々の所業を見ると、思いのほか冷酷で、相手を即座に殺害する場面も珍しくない。にもかかわらず、スサノヲに与えたのは「高天原追放」という比較的軽い罰であった。

ところでスサノヲは、すでに三貴子誕生の際に、父神イザナギから「海原を統括せよ」と任命されている（『日本書紀』では「根の国」へ行けと命じられている）。高天原の統治はアマテラスが任命され、「夜の食国《おすくに》」はツクヨミが任命されている。とすると、スサノヲは何処へ追放されるのか。

いずれにせよ、スサノヲの乱暴狼藉の結果起きたことこそが、いわゆる「アマテラスの天の岩戸隠れ」である。天地の終焉か、というほどの凶事を引き起こしたのだ。

スサノヲが犯した日本人の原罪

スサノヲは大罪を犯して高天原を追放されたと記紀に明記された。日本神話において「罪」の概念が登場したのはこれが初めてで、地上の国、中つ国、出雲国はスサノヲが罪を犯したことに発したとされているわけで、すなわち罪は出雲人の「原罪」であり、出雲建国はスサノヲの原罪から始まっている。さながらアダムとエバの原罪のように。

ちなみに、アダムとエバの原罪は旧約聖書『創世記』によれば、蛇の誘惑によって、神により禁じられていた「善悪の知識の木の実」を食したゆえに、エデンの園という楽園から追放された（失楽園）とある。高天原を楽園と解釈すれば相似の構図である。スサノヲにはエバがいないが、この直後に地上においてクシナダを妻に迎えている。

ところで、高天原でスサノヲが犯した「原罪」とは「天津罪《あまつつみ》」のことであるが、これは太陽信仰への反逆罪である。「大祓詞《おおはらえのことば》」には天津罪と国津罪《くにつつみ》とが列挙されていて、これがいわば「日本人の原罪一覧」であるが、正確には天津罪は弥生人・稲作民族の原罪であり、国津罪は縄文人・狩猟漁撈民族の原罪であろう。

スサノヲが犯した罪を天津罪として、これに列島土着の者の国津罪を加えて、神道は「大祓」をおこなっている。すなわち、「これらの罪を犯す者はヤマト民族ではない」と言っている。

これらの原罪を祓い清めることによって、ヤマトという国家は成立した。つまり、原罪を犯した罪人たるスサノヲは、日本の正史において「非日本《やまと》的」であると断罪されているのだ。これは重要な示唆である。

とくに天津罪は、これを犯したことによって、スサノヲが高天原を追放された特別の罪である。しかも、髭と爪を切った上で地上へと追放された。これは魔力を封じる呪術であって、サムソン神話とまったく同じ性質のものだ。

既刊著書で私は、スサノヲは渡来であると結論した（拙著『古事記はなぜ富士を記述しなかったのか』参照）。つまり、天津罪は渡来人、もしくはその一行が犯したものであろう。シナ江南から渡来した一大旅団は、その習俗や生活慣習、道徳観など列島人とはまったく異なるものであったがゆえに、生活上の軋轢も多々あったに違いない。だから彼らの行動や言動が、時として原住の日本人からすれば禁忌を犯すものであったとしても当然というものであるだろう。

ただ、太陽信仰を根幹に据えたヤマト朝廷も、日本列島の原住者ではない。スサノヲが海人族であるのに対して、アマテラス系の天孫族は農耕族である。ここに、禁忌のへだたりがあった。国津罪は、もともとの原住民たる縄文人の罪観念であったのではないかと考える所以である。

スサノヲは亡くなった母イザナミに会いたくて、父イザナギの制止もきかず、黄泉の国へ行くことにした。イザナギから、以後この国に住むことは許さぬ、と宣告された。

そこで、旅立つ前に、アマテラスに別れを告げるべく高天原へやってくる。しかしその様子は荒々しく猛々しく、海も山も轟く有り様で、これを見てアマテラスは顔色を変えた。そして軍装に身を固め、

「おまえは、高天原を奪うためにやってきたのではないか」と厳しく問う。

これに対してスサノヲは、

「汚い心などありません。ただお別れのご挨拶に来たばかりです。それなのにこのような対応をされるとは」と答える。

そこで二人は共に誓約《うけひ》をおこなっていずれが正しいかを占った。その結果、スサノヲが勝ち、高天原に入ることが許されたというわけだ。

しかしスサノヲは、誓約に勝ったことをいいことに、高天原において罪の限りを犯すこととなる。これが「天津罪《あまつつみ》」である。「大祓詞《おおはらえのことば》」の中に掲げられているように、個人的禁忌の「国津罪」とともに、これらが日本の社会的禁忌《タブー》の原型である。天津罪のほとんどが稲作・農耕に関わるものであることから、国家国民の生業としてヤマト朝廷が、いかに重要視していたかがよくわかる。

そしてこれらすべての罪は、そもそもスサノヲが高天原で犯した罪として記録された。つまりスサノヲは、高天原において農耕を妨害したということで、それゆえに原罪人となったのだ。

これらの所業に怒ったアマテラスは天の岩戸の中に隠れてしまい、世の中は暗闇と化す。これが「岩戸隠れ」である。一瞬にして世界は暗黒の闇と化した。

なお、現在奏上されている「大祓詞」では、不適切な表現や語彙があるとして、天津罪・国津罪の具体的な罪名を省略している。

▼**現行の大祓詞**（大正三年／内務省制定　戦後、神社本庁により編集）
「天津罪　国津罪　許許太久《ここだく》の罪出でむ」

▼**原文の大祓詞**（平安時代中頃／『延喜式』所収）
「天つ罪とは　畔放《あはな》ち　溝埋《みぞう》め　樋放《ひはな》ち　頻蒔《しきま》き　串刺《くしざ》し　生剝《いきは》ぎ　逆剝《さかは》ぎ　屎戸《くそへ》　許々太久《ここだく》の罪を天つ罪とは法《の》り別《わ》けて　国つ罪とは　生膚断《いきはだたち》　死膚断《しにはだたち》　白人《しらひと》　古久美《こくみ》　己《おの》が母犯せる罪　己が子犯せる罪　母と子と犯せる罪　子と母と犯せる罪　家畜犯せる罪　昆虫《はうむし》の災　高つ神の災《わざわい》　高つ鳥の災　畜仆《けものたお》し　蠱物《まじもの》せる罪　許々太久《ここだく》の罪出む」

「大祓詞」という祝詞は、神社神道において最も重要な根幹の祝詞である。また、「大祓詞」を奏上する大祓神事は、六月の晦日《みそか》と十二月の晦日にすべての神社で必ずおこなわれる、神社神道の基軸祭祀である。つまり太陽信仰を基盤とする神社神道は、天津罪と国津罪を「祓う」ことに最大の精力をかたむけているということだ。——それはいったいいかなる罪か、以下に簡単に解説しておこう。

【**天津罪**】
畔放《あはなち》——畔を破壊して水田灌漑を阻害すること。
溝埋《みぞう》め、樋放《ひはな》ち——水田用水のための溝を埋め、水路を破壊して灌漑を妨害すること。
頻蒔《しきま》き——すでに種の蒔かれた耕作地に重ねて蒔くことで作物の生産を阻害すること。
串刺《くしざ》し——他人の家畜に串を刺して殺すこと。あるいは他人の田畑に呪詛の串を埋めて傷害を謀ること。
生剥《いきは》ぎ、逆剥《さかは》ぎ――牛馬など家畜の皮を生きながら剝いで殺すこと。
屎戸《くそへ》――神事に際して神殿を糞尿などの汚物で汚すこと。

【国津罪】
生膚断《いきはだたち》――生きている人の皮膚に傷を付けること。傷害罪。
死膚断《しにはだたち》――死体を傷付けること。死体損壊罪。
白人《しらひと》――白皮症（＊いわゆる白子のこと。単なる色素欠乏症であるが、かつては無知ゆえに祟りとされた）。
古久美《こくみ》――背骨が湾曲し、背中が瘤状に盛り上がること。傴僂。
己《おの》が母犯せる罪　己が子犯せる罪――実母との相姦、実子との相姦。近親相姦。
母と子と犯せる罪　子と母と犯せる罪――性的交渉をもった女の娘とも、その後性的交渉をもつこと。また、性的交渉をもった女の母とも、その後性的交渉をもつこと。
家畜犯せる罪――獣姦のこと。『古事記』仲哀天皇記には「馬たわけ」、「牛たわけ」、「鶏たわけ」、「犬たわけ」とある。
昆虫《はうむし》の災――地面を這う昆虫＝毒蛇、ムカデ、サソリなどによる災難。細菌性の伝染病。
高つ神の災《わざわい》――落雷による災害。感染性の疫病・伝染病。
高つ鳥の災――鳥類が媒介する疫病。
畜仆《けものたお》し　蠱物《まじもの》せる罪――家畜を殺し、その死体で他人を呪う蠱道《こどう》のこと。

これらの罪は、スサノヲが犯したから日本人の原罪になったわけでないのは言うまでもない。もともとあった罪概念を――とくに天津罪は――スサノヲが犯したとすることによって、いわば浮き彫りにしたものだ。つまり、太陽信仰によって成り立つヤマト朝廷は、これらの「天津罪」をこそ恐れていたということである。逆説となって太陽信仰の禁忌が、ここに列挙されているのだ。

ということは、それ以前の「国」にとっては、これらは明確に禁忌とはなっていなかったのだろう。農耕を国家の基本とするヤマト国の以前に、漁撈狩猟を生活の基本とする人々がいて、この文化的相違を支配・被支配の構図として見るならば、天津神・国津神という基本理念のもとに、天津罪・国津罪が導き出されることになるのだろう。そして、上下双方の罪が一括りの罪悪であるかのように列挙した。神話においてはスサノヲの狼藉ぶりについて事細かに記してはいないので、はたしてどれとどれを犯したか（とくに国津罪については）、あるいは犯していないかは不詳であるが、いずれにしても「大祓詞」の罪概念はその総括である。

そしてこれらの罪――とくに天津罪――を犯した結果として、スサノヲには罰が与えられた。高天原追放という、文字通りの「天罰」である。

スサノヲ神話の「異質性」

「スサノヲ神話」には日本神話らしからぬ「異質な」くだりがいくつもある。そしてその異質さこそは、彼が何者であるかというい わば「正体」を解き明かす重要な手掛かりであるだろう。単なる「異端児」という問題ではなく、異質すなわち本質的に異なるものだ。

第一の異質さは冒頭に挙げた「追放」であろう。

古来、日本列島という地域は、流入する者に対して敵対よりも親和を基本とした。縄文の遺跡から武器らしきものがほとんど発掘されないのもその証左の一つであろうし、何よりも現日本人の風貌に、多種多様な民族的特性が見られることは、他国にはなかなか見られない特徴であろう。この民族的寛容さが何に由来するのかはともかく、この風土的特性に「追放」という罰はついに馴染まなかった(後世になって「遠島」という処罰法が生まれるが、これも暫定処置であって、いずれ帰還することを前提としている)。そして「追放」という罰は、アダムとエバの失楽園神話を想起させる。

また、スサノヲは高天原を追放される際に、髭と爪とを切られて呪力を封じられているが、この罰則手法は、日本神話においては、スサノヲ追放の一回のみであって後にも先にもまったく見られない。髭と爪を切ることで力を失わせるという発想は、きわめて異質である。

また、スサノヲは食物神オオゲツヒメを斬殺するが、その死体の各所から様々な食物が誕生するという話になって、これは汎太平洋的なハイヌウェレ神話(食物起源神話)とそっくりであることはよく知られている。

これらの逸話《エピソード》は、後世において聖徳太子に関する記述がキリスト生誕などを踏襲しているかのような構造であるのと同様、明らかに西欧神話へのオマージュとして創作あるいは編集されたものであるだろう。神話成立にともなう世界共通の表現方法が記紀にも採用されているところから見ると、世界各国諸民族の神話事情に精通している者が編纂に起用されていたと考えるのは自然の成り行きというものだ。そして七〜八世紀当時の日本の文化状況から考えて、いわゆる知識人はきわめて少数であり、なおかつこれらの事象について精通しているとなると、起用された人物は渡来の仏僧か遣唐使経験のある文官あたりではないかと考えられる。

ところでスサノヲの原罪神話には、そもそもの前提に実は齟齬がある。スサノヲは原罪を犯したことによって追放されたが、その前にすでに〝勘当〟されているのだ。母の国へ行きたいと言ったスサノヲに、父イザナギは激怒した。そして、許可する代わりに追放したのだ。——ここですでに「追放」という罰を受けている。

追放されたスサノヲは、去る前に別れの挨拶をしようとアマテラスを訪ねたのだが、アマテラスからその真意を疑われる。アマテラスはスサノヲが高天原を奪いに来たと疑ったのだ。

そこで、いずれが正しいかを証明するために、アマテラスとスサノヲは「誓約《うけひ》（呪術戦）」をおこなうことになったのである。そしておこなったところ、スサノヲが勝ってしまった。勝ったから、彼はやりたいことをやった。しかしそれが天津罪に該当したというのである。まるで、スサノヲに原罪を背負わせるために組み立てた〝罠〟のようではないか。

アマテラスはそのために岩戸隠れすることになる。その結果、高天原の神々はすべてスサノヲの敵となった。太陽をさえぎる者は〝国家の敵〟なのだ。高天原のスサノヲには、いいところがまったくない。他のいかなる神とも比較にならぬほどの乱暴狼藉の限りを尽くすばかりで、まったくもってひどいものだ。しかしスサノヲが、そもそも高天原の住人ではなく、余所者《よそもの》であるというならば納得もいく。

文脈を追っていくとわかることだが、スサノヲは黄泉の国へ出立する前にアマテラスに別れの挨拶をしたいということで高天原へ上ってくる。つまり、スサノヲは高天原の住人ではないということである。

スサノヲは「出雲神話」の主役である。ヤマタノオロチ退治から始まる一連の神話《ドラマ》は、スサノヲ→

オオクニヌシのリレーで語られる。しかし実は、「出雲神話」は『出雲国風土記』には収録されていないのだ。スサノヲの登場自体がわずかであって、しかもオオクニヌシとの血縁関係は一切記されていない。つまり「出雲神話」そのものが、〝出雲（風土記）〟のあずかり知らぬことなのだ。

ということは「出雲神話」とは、ヤマト朝廷によって編纂あるいは加筆されたもの（あるいは書き起こされたもの）であって、もしそうならばスサノヲに原罪を背負わせたのはヤマトの作為であると考えるのが妥当であるだろう。

出雲大社の祭神はオオクニヌシである。それは周知である。不思議なことにスサノヲは祀られていない。出雲の王はスサノヲなのに。

しかし出雲大社はスサノヲが祭神であるべきだと考えた者がかつてもいた。中世から十七世紀までの数百年間、スサノヲが祭神だったことがあるのだ。その後、再びオオクニヌシに代えられているが。

この経緯も、スサノヲの「原罪」と無関係ではないだろう。一時的に祭神となったのも、またあらためて外されたのも、いずれもここに起因するものであるだろう。

しかもスサノヲは不可解なことに、当初の目的である「黄泉の国訪問」を、結局おこなうことはなかった。父イザナギに反抗して、追放される原因にまでなったというのにである。〝創られた神話〟の中で、ついにスサノヲが黄泉の国へ行くことをしなかったのは、「太陽信仰の勝利」を謳うものなのかと勘ぐりたくもなるが、新たに別のエピソードを挿入したために生じた齟齬であろうかとも思われる。

そもそもイザナギがスサノヲに対して激怒し勘当したのは、亡母への恋慕に対してではないだろう。

このような自然の情に対して罰を与えたのでは、何者の支持も得られないのは論じるまでもないことで、イザナギが禁忌としたのは、スサノヲが行こうとしている「場所」に対してであろう。

それは何処かといえば、イザナギに勘当されてもなおスサノヲが行きたがっていたのは「黄泉の国」という呼称で括られ封印された「死の国」である。

神社と祭り（祀り）が不可分の関係にあることは今さら言うまでもないことだが、神輿《みこし》も山車《だし》も神の乗り物であり、祭りは神をことほぐものだ。そしていずれも神社から出て神社に帰る。心得違いしているひとも少なくないが、寺院と祭りは無関係であって、本来寺院に祭りはない。あたかも祭りのようにおこなう催事が寺院でも見受けられるが、それは神社の手法を真似たものである。おそらく祭りの起源は縄文期までさかのぼるもので、今よりはるかに素朴な形で営まれていたと思われる。「まつり」とは、祭り、祀りと表記するが、本来は「まつりごと」であって、すなわち「政事」である。祭祀と政治とが不可分に一体であった古代日本の思想であって、これを今なお実践しているのが天皇である。また、厳粛なる「祀り」としては全国の神社において神職が実践しており、賑やかな「お祭り」としては全国各地で四季折々に実践されている。これらの概念を総合して「祭祀」という。

また、神社の祭りは、そこに祀られる神の性格と深く関わっている。そして祭りの本質は、祟り鎮めである。

私たちの祖先は、世の不幸不運は怨みを持つ神霊の祟りであると考えていた。その神霊の怨みや怒りを鎮めることが、不幸から逃れる方途であると考えた。それが「祭り」の発祥だ。

祭りの発祥は、「天の岩戸開き」である。アマテラスが岩戸の中に隠れてしまったので、もう一度出てきてもらうためにおこなった踊りや音楽による賑わいである。

アマテラスは、スサノヲの乱暴な行為に怒って岩戸に引きこもった。つまり「怒り」によるものだ。アマテラス引きこもりによる結果が「暗黒の世界の出現」である。これを「祟り」という。岩戸開きの祭りは、その「怒り」を鎮め、慰めるための催しである。すなわち「慰霊」「鎮魂」である。

ちなみに「鎮魂」の意味には二種あって、自らの魂を鎮める意味と、何ものかを慰霊する意味とあるが、慰霊のほうが先にあって、それを神職の修法としたに過ぎない。折口信夫は、みずからのためにおこなう鎮魂・魂振りを神道の根元に見たが、なにもないところに突然発生的にこのような修法の生まれるはずがない。私の師匠筋にあたるので尊重するにやぶさかではないが、信奉者による盲信は、かえって弊害を生むだろう。

——こうして成立した太陽信仰は、新たな「禁忌」を創った。「原罪」と言ってもよい。

文明は、より進歩すればするほど、またより高度になればなるほど、背中合わせに脆弱さをも併せ持つのは宿命だ。わずかなほころびから、文明文化は驚くほどもろく崩れ去る。それを防ぐためには、あの手この手の防御が必要になる。厳格な法規による取り締まりであったり、暗黙の掟であったりとひたすら増加する宿命を負う。そしてその根源に、宗教的原罪が据えられる。

日月星辰の四貴子

曲亭馬琴といえば『南総里見八犬伝』であまりにも有名なので、戯作者あるいは読本作者とのみ思いがちだが、実は歴史考証について造詣が深い。随筆の類を見ると驚くべき博覧強記で、その裏付けがあればこその伝奇名作の数々と思われる。一般にはほとんど知られていない随想『玄同放言』に興味深い考証がある。

「書紀に、伊弉諾尊《いざなぎのみこと》、伊弉冊尊《いざなみのみこと》、大八州国《おほやしまのくに》、及《また》山川草木を生み給ひて、更に日の神大日孁貴《おほひるめのむち》を生み、次に月の神月夜女尊《つきよみのみこと》を生み、次に蛭児《ひるこ》を生み、次に素戔嗚尊《すさのおのみこと》を生み給ふ段、日の神・月の神のうえへは、理《ことわり》よく聞えたれども、蛭児《ひるこ》素戔嗚《すさのお》は、何《いか》なる神といふよしを誌《しる》されず。後に史を釈《とく》もの、亦発明の弁なし。（中略）抑《そもそも》 諾冊両 尊《なぎなみのふたみこと》、日の神・月の神を生み、次に星と辰《ときほし》の神を生み給ひつ。ここに是日月星辰《じつげつせいしん》の四象《ししょう》の神たち化生《なりいで》給ひき。易《えき》に曰《いう》、大極ハ両儀ヲ生ス、両儀ハ四象ヲ生スとは、是をいふなりけり」（＊書き下しは筆者による）

示唆に富む一文で、いわゆる「三貴子」の神生みは、実は四貴子であると言っている。そして四神は「日月星辰」であると喝破している。なんとも馬琴らしい解釈である。

ちなみに三貴子とは、アマテラス、ツクヨミ、スサノヲの三神のことで、神生みのクライマックスでイザナギが禊《みそ》ぎをした時に生まれたものだ。皇室の三種の神器も三貴子を体現しているという説もあって、すなわちアマテラスが鏡、ツクヨミが勾玉、スサノヲが剣、ということになる。八百万の神々と云われるほどに多くの神々がいる中で特に「三貴子」と称されているのは、それほどに象徴的な存在であるということである。

馬琴は、これにヒルコを加えて「四貴子」と言っている。

そう指摘されてみると、これまでの常識ともいうべき「三貴子」は、実はあまり論理的ではないことに気付かされる。アマテラスとツクヨミは日と月であるから、陽と陰の二元論にも適っているが、スサノヲをこれに加えるといかにも不自然だ。「日と月と海」という解釈や「日と月と夜」あるいは「日と月と死」など、その他にもこれまでに様々な解釈が登場したが、どれもあまり説得力がない。

そもそも「三」という数字を整合させる事象が見当たらないのだ。それを「四」として「日月星辰」と解釈したのは卓見と言うべきだろう。つまりヒルコは「星」であり、スサノヲは「辰」であるとする。星は北極星であり、辰は「日月の交会する所なり」というのだが、これは「時間」と理解しておこう。そして星は陰、辰は陽。日は陽、月は陰であるから、四象として整合する。

日本神話は非論理的であるとは常に言われることであるが、かねてより私はそれを誤解によるものと考えている。日本神話は「論理的」なくだりと「非論理的」なくだりとの混合によって成り立っており、そこを見極めなければならない。記紀においても異なる点は少なからずあるが、さらに『旧事紀』（先代旧事本紀）も記紀と同じではない。

これらの古典三書を比較すると、一部では原型が見えてくる。

論理的なくだりは当初からの形を残しているからであろう。これに対して非論理的なくだりは、何らかの意図・恣意があって、当初の形が崩れたものであるだろう。そう理解すれば、原型は論理的な形であって、論理的でない、あるいは整合がとれない部分は原型を失っている、歪み、崩れ、と考えられる。とすれば、アマテラスとツクヨミにスサノヲを加えた「三貴子」は作為となる。聖典三書において本文冒頭で陰陽二元論を掲げているにもかかわらず、主軸の神の存在においてその論理を全うできないというのは、いかにも不自然だ。

『古事記』は序文の冒頭で「陰陽ここに開けて」と記しているし、『日本書紀』は書き出しで「陰陽分かれざるとき」と、『旧事紀』は神生み神話篇は「陰陽本紀」という。いずれも陰陽五行説を熟知した上での論述であるのは自明である。

それならば本文の神話記述の構造においても、意識されて当然で、陰陽で創世神話を説き起こすなら、それは一貫していなければならない。そしてこれら三書の神話篇のわずかな分量においては、一貫させるのはきわめて容易《たやす》く、むしろ一貫しないまま放置するのは考えがたい。三書のいずれもが厳格な校閲を繰り返して完成されているはずで、編纂に関わる立場の者であれば見逃しようもないほどに単純明快な論理構造である。

馬琴は、天文地理の造詣に深く、道教の宇宙観や陰陽道、風水などの知識を作品にも活用している。近年ではこういった分野の知識に疎い者による偏頗《へんぱ》な考証が横行しているが、古代から中世の事象はそれらを踏まえていることを知らなければならない。馬琴の指摘に今更ながら驚かされるようでは現代の学術に関わる者は恥と思うべきだろう。

しかしこの説を馬琴は「とし来《ごろ》秘蔵の説」と告白しているところをみると、当時すでにこういった学識の裏付けは衰退していたのかもしれない。

江戸時代に入ってからは、京の朝廷をないがしろにする傾向が強まって、同時に朝廷直属の陰陽寮の役割も軽視されるようになった。そんなところから、必然的に陰陽道や道教は俗化を極めた時代である。とりわけ「神話」の解釈には不可欠な学識であるにもかかわらず、江戸の知識人には〝俗説〟と化した陰陽道・道教しか知られていなかった。

そのような環境において、馬琴は数少ない独学探求の人であった。さながら現代と状況が似ているかもしれない。

なお、陰陽五行説等々の古代東洋の学術について似非《えせ》科学、迷信迷妄といった非難のあることは承知している。また、否定するのも排除するのも自由である。ただ、読者諸兄姉がこういった原理や思想を受容するか否かは問題ではない。要は、神話がつくられた際に、作者あるいは編纂者がこれらの原理や思想に基づいていたかどうかが重要なのである。

日本神話はマルキシズムに拠ってつくられたものでないことは当然だが、それではどのような原理・思想に基づいてつくられたのか。それを正しく踏まえなければ、日本神話を理解することはできない。これは当たり前のことだ。ただ漫然とお伽噺であるかのように受容する訳にはゆかない。神話であるからこそ、そこには根源の思想や哲学が裏付けとして存在するはずで、いわば遥か遠い子孫である私たちへの「伝言」である。神話解釈は、その人の思想が左右する。

私自身も、最初に思いついたのは「ヒルコ・ヒルメ双子説」である。「ヒルコはヒルメの双子の兄。双子（多胎児）は不吉との風習から流し棄てたもの」と解釈した。「双子」を不吉として、兄姉に当たる片割れを捨てるという風習は古くから各地におこなわれている。後には形式的に捨てるのみで、すぐに別の者によって拾い上げたり、里子に出して捨てたことにしたりといった方法も採られるようになる。このような民俗学的な解釈は一般に受け入れやすいのだ。多少は事実と齟齬があっても、情緒がそれを許容してしまう。「双子説」は、はたして真実か否か。どうぞ情緒ではなく、冷徹にご判断いただきたい。

馬琴の説からもう一歩進めよう。ヒルコは北極星（北辰）であるから「北」であり、北は玄武《げんぶ》である。玄武とは陰陽道の地理風水で用いる概念で、四神《しじん》の一つだ。「四神相応」という風水用語は、キトラ古墳や高松塚古墳の内壁画で広く一般にも知られるようになったので、ご存じの人も少なくないと思う。青龍《せいりゅう》、朱雀《すざく》、白虎《びゃっこ》、玄武のことで、それぞれの神獣が自然界の形となって「相応」すれば、その中心は天子の宮となる、という思想である。これに四貴子を当て嵌めると、ヒルコが北の玄武、アマテラスが南の朱雀、ツクヨミは西の白虎、そしてスサノヲは東の青龍となるだろうか。

『史記』の『天官書』にあるように、北極星の神格化されたものが北辰《ほくしん》であり、太一《たいいつ》であるが、北辰が方位を示していることはいうまでもないとして、そもそも「太一」とは何か。伊勢の神宮では、別宮の伊雑宮《いざわのみや》をはじめとする周囲の行催事において「太一」の表示は数多く見られ、伊勢路に点在する石造の道標や常夜燈にも「太一」の文字が刻印されている。御田植祭では十数メートルもの巨大な翳《さしは》（大型のうちわ）が掲げられるが、そこに大書されているのも「太一」という文字である。その他、神撰のアワビを採る海女の頭巾にも額に「太一」と書かれ、遷宮の用材を伐《き》りだして運ぶ際にも、その用材の先頭に「太一」の文字が大書される。

太一常夜燈（撮影・平松温子）

　これらは一種の「お守り」で「呪言《じゅげん》（まじないの言葉）」であろう。なかには「大一」と書かれているものもあるが、それも元は太一であるだろう。機会があって、それらの行催事に参加している何人かに尋ねてみたところ、「太一」のもととの意味は誰も知らないようで、「まじない文字」「めでたい文字」「お守り」といった答えばかりであった。

　いたるところに大書しているのは当然ながら特別の意味があるはずなのだが、これを「神の名」と思っている人はいないようであって、おそらくは古道教の究極の神・太一が、日の本の最高神・皇大神宮の祭りをことほぐという意味ではないかと私は考えている。つまり神道と風水の習合がかつてあった証しであろう。これよりはるか後世に神道と仏教の習合がおこなわれるが、古代においてまずおこなわれたのは、風水・道教との習合であった。

ちなみに、紀伊国一宮《きいのくにいちのみや》である伊太祁曾《いたきそ》神社の神紋は、〇の中に「太」の文字が書かれたものだが、これも太一に由来するものであるだろう。伊太祁曾神社は伊勢の神宮よりもはるかに古い由緒なので、太一が受け入れられたのも相応により古い時代であることは間違いない。伊太祁曾神社の祭神はイソタケル（イタケル）で、各地の伊太祁曾神社（三〇〇余社）で漢字表記は「五十猛」を始め、伊曽猛、伊多手、伊太祁曾、五十建、五十武、射楯、勇猛などがある。一部に「韓國五十猛」との表記を用いているところもあるが、これは由来を誤って解釈したことによる誤用であろう。『日本書紀』の「神代巻」に「新羅の曾尸茂梨《そしもり》に立ち寄った」と記述されているところから、朝鮮からの渡来神と誤って解釈したものと考えられる。

しかし高天原（それを何処《どこ》とするかは別として）から出雲へ至る経路の途中に立ち寄ったものであって、イソタケルの父神であるスサノヲはそこに居ることを欲さずと言い、従う子神イソタケルは樹木の種子をその地には一切蒔かず、立ち去っている。この経緯からは朝鮮出自であろうはずもない。したがってこの祭神名は正すべきであって、誤りを正すに憚《はばか》ってはならないだろう。たとえそれが伝承された神名であろうとも、その当時の人間が勝手に誤ったものを、後の世でも認め続けなければならないなどという理屈はない。

また、イソタケルと大屋比古《おおやびこ》（毘古・彦）を同一神とする説もあるが、こちらは部分一致の付会《ふかい》であろうと思われる。大屋津比売《おおやつひめ》が妹だからというならば、大屋津比古でなければならないことになる。

なお、鬱陵島《うつりょうとう》（韓名ウルルンド）は、旧日本名を磯竹島《いそたけ》（五十猛島）と呼んでいたが、これは降臨地である曾戸茂梨に比定したことによっている。曾戸茂梨の候補地は他にもいくつかあって、鬱陵島にもその可能性がまったくないわけではないが、いまのところ確証はない。

スサノヲの流刑

ところで、私は日本神話に登場する神々は基本的にすべて実在したと考えている。神としてではなく、人として実在したという意味である。アマテラスもスサノヲも、そういう人物がかつて実在していて、亡くなると神になり、崇められるようになったと考えている。私は神職（いわゆる神主）でもあるので、そういう立場の人間がこういう主張をおこなうのは不謹慎であるという人もいるかもしれないが、それはむしろ誤解である。

神道では、人は死ぬと神になる。あなたも私も、死後は神として祀られる。死の瞬間まで用いていた名前の後に「命《みこと》」を付して、その時から神となる。以後は、永遠にその家系・子孫の守護神となる。仏教で死ぬと「仏《ほとけ》」になるのと考え方としては同様であるだろう。ただし、その「神」や「仏」という概念が何を意味するかは人によって様々な見解があるだろうが、それについてはここでは論じない。

神道では、すべての人間が神からの命令、すなわち「みこと（御言）」を受けた者であり、それをおこなう者は「みこともち」であるとする。死して「命」の尊称が付されるのは、神上がりしたとの考えかたから来ているとされる。つまり、神になる、あるいは神に還るということになるだろう。だから東郷平八郎も乃木希典も死後は神として神社に祀られている。彼らのような一部の偉人は、多くの崇敬者によって祀るための神社が建立されるが、それ以外の人々も各家々の祖霊舎などに合祀され、以後永遠に祖先神として子孫を守護する神となる。これが神道の考え方である。「氏神《うじがみ》」は、かつてそのようにして神となった氏族の祖先のことである。

なお、神道には「自然信仰」という側面があって、山や川、湖、樹木、岩などの自然物、あるいは光や風といった自然現象をも神として信仰する。しかしそれらの神も、元は人であって、その遺徳や霊威をそれぞれの自然現象と関連づけて一体化したものと私は考えている。しばしば言われるような「自然現象を擬人化した」ものではなく、人を自然現象に関連付けたものと考えている。

ただしこの考え方は、わが国の神話についてのみの感想で、他国の神話は必ずしもそうではないだろう。最初から超越的存在すなわちｇｏｄとして創造された場合もあるだろうし、人類の想像力の産物として様々な潤色もおこなわれてきたことだろう。そういった側面はそれぞれの民族性の顕現でもあるので、無碍に否定するつもりはない。日本でも、仏教が輸入されて、いわゆる神仏習合が始まってからは、本地垂迹説などにも見られるように、後付けで「新しい神話（縁起）」が様々に創造された。神社の祭神についての由緒や伝承は、この際に膨らませたものが少なくないのであって、そういった経緯による仏教色を取り除くと本来の姿が見えてくるというケースもしばしば見受けられる。そしてこれもまた、神道や神社を誤解させる要因の一つとなっている。

すなわち高天原の神々は実在した。したがって、高天原そのものも実在したはずである。それが「天国」ではないことはいうまでもないが、地上のどこかを指していることになるだろう。一種の比喩であるから、具体的に「高天原」という地名があるとは考え難いが、それでも古くからそれに比定された場所にその地名が付与されているので、各地に「高天原」は存在している。それぞれに〝独自の根拠〟が展開されているので、関心のある方はネット検索すれば簡単に目にすることができる。しかし残念ながら、そのほぼすべてが牽強付会《けんきょうふかい》にすぎない。九州や近畿地方などにそれらしい遺跡までしつらえたりもされているが、いずれも人為的に創作されたある種のテーマパークである。

高天原海外説もあって、国内説とともにその可能性は否定はできないが、今後も具体的な肯定証左が発見されることはないだろう。なお、私は高天原を大陸江南の姫氏《きし》国であった可能性を既刊著書（『ヒルコ　棄てられた謎の神』）で論じている。あくまでも仮説の一つであって、長くなるのでここでは省略するが論拠等に関心のあるかたは参照されたい。

いずれにしても、高天原《たかまのはら》の神々のほとんどが出雲と無関係であることから考えると、それが出雲以外の別の場所であることは間違いないだろう。つまり、出雲という辺境の地へ追放するような辺境ではない場所、ということになる。もし国内であるならば、さしずめ葛城、明日香、桜井あたりか。弥生時代に政権があって、栄えていた場所を想定するのが妥当かもしれない。海外であるならば、渡来したスサノヲの故地が候補地になっているが、論理的に言ってそれはありえない。なにしろ、スサノヲは故地から高天原へと上ってきたと、明記されているのであるから、故地以外の場所が高天原である。

それにしても、なぜスサノヲは出雲を目指したのであろうか。あるいは、なぜ他の地ではなく出雲に追放されたのであろうか。

さてそれでは、出雲神話の基底には何が隠されているのか、以下に順を追って解いてみよう。イザナギ神は、黄泉の国のケガレを洗い流すために「禊《みそぎ》」をおこなった。――これが出雲神話のオープニングである。そしてここで、アマテラス、ツクヨミ、スサノヲの三貴子を生んだ。この三神はそれぞれ、「高天原」、「夜の食国《おすくに》」、「海」をつかさどる神であり、これによって国生み神生みは完了した。とくに、主要世界をつかさどる神々の誕生ということで、イザナギ自ら「三柱《みはしら》の貴《かし》き子」と呼んで喜んだ。

アマテラスは、別名「大日孁貴《おほひるめのむち》」と呼ばれたように（こちらが本名ともされる）、もとは太陽神であった。しかし単なる自然神としての太陽神ではない。日本人は弥生以来、農耕民族となり、稲作によって生活をいとなんできた。神社などの祭りも、稲の豊作を祈る「祈年祭《としごいのまつり》（春祭り）」と、その年の豊作を感謝する「新嘗祭《にいなめのまつり》（秋祭り）」との二つを中心に成り立っている。その稲を育てるのに必要不可欠なのが太陽の光である。

したがって、アマテラスとは太陽の姿をかりて稲をはじめとするすべてのもの、ひいては人間をも育てる力が神格化されたものであるだろう。アマテラス自身、高天原に田を持ち、稲の育て方を教え示している。生産と生育とは別もので、人間にとって生むことよりも育てることの方が難しく、しかも大事なことであると考えていた顕現がこの神格にはあるようだ。天之御中主神《あめのみなかぬしのかみ》を始めとする造化の神や、イザナギ・イザナミの国生みの神にもまして、アマテラスが盛大に祀られているのはこのためであるだろう。そして、出雲とは対極にある神である。

出雲大社の古名は「天日隅宮《あめのひすみのみや》」であるが、この名は、アマテラスの威光・恵みから最も遠いところにある宮であるという意味でもある。アマテラスを皇室の氏祖神、また最高神であると明示する記紀神話は、明らかにヤマトのものであって、出雲はそのヤマトの〝隅〟にあるのだ。

では、ここから先、出雲族の氏祖神であるスサノヲはどのように描かれているのだろうか。スサノヲは、アマテラスの弟神として位置付けられているが、非常なる悪神として登場している。後に位置付けは変わるのだが、登場当初は悪神（荒ぶる神）であり、その名からも意図が明確に読み取れる。

「スサ」とは「荒《すさ》ぶ」という意味であり、後に暴風雨の神や地震の神にたとえられたりもするが、位置付けは「アマテラスに仇為す神」である。つまり、イヅモはヤマトに仇為す者であるとの意味であろう。

スサノヲは、最初は父、イザナギの「海をつかさどれ」という命にそむいて、「母イザナミのいる黄泉の国へ行きたい」とただただ泣くばかりであった。このために追放されることになるわけであるが、そこで、アマテラスのもとへいとま乞いに行く。その様子を聞いたアマテラスはひどく驚いて、スサノヲが高天原を奪うために攻め上ってきたのだと考えた。そこで武具に身を固め、臨戦態勢となってスサノヲを迎えた。

余談であるが、この時、アマテラスは髪をみずらに結って武装したと記されている。みずらとは角髪、美豆良などとも記すが、両耳のところで縦8の字形に結ぶ髪型で、男性の髪型である。神武天皇やヤマトタケルの姿が絵画等に描かれる際にはその髪型は必ずみずらである。古代上代の男性、とくに武人は、必ずみずらであった。普段は後ろで一つに束ねていて、いざという時にはみずらに結う。

そのため、アマテラスは男神であるとの説もある。神話本文中にアマテラスの性別についての記載はなく、後世の忖度《そんたく》に基づいた女神説がすでに浸透しているため、アマテラスは女神であるとの固定観念あるいは先入観をわれわれは持っているが、事実はこの通りである。むろん、戦闘に備えるため、あえて男装したという解釈もなくはないが、こののち、わが国の史書においてそのような事例はない。

姉と弟という構図は、邪馬台国の卑弥呼と、弟の為政者を彷彿させるところから、下敷きにそれがあるのではないかという説もある。

しかし私は、この構図には決定的な対立の示唆を読み取る。すなわちヤマトとイヅモとの対立である。むろん、この後、ヤマトがイヅモを制圧する前提とするためでもあるだろう。スサノヲはアマテラスを中心とする天神に屈することによって、悪神から善神へと変身するのだ。そして、そうなったスサノヲが地上に降り、出雲を切り拓くことになる。すなわちこれが、記紀神話の編集方針である。スサノヲの乱暴狼藉の結果起きたことこそが、岩戸隠れであり、出雲建国であり、ついにはヤマト朝廷への国譲りである。

地主神となったスサノヲ

ところでスサノヲは、三貴子の一でありながら、その来歴については神社伝承に起源するものはまったくない。あくまで記紀神話にあるのみである。

周知のように、スサノヲについては記紀神話には他のいかなる神も比較にさえならないほどに多彩な逸話が語られている。にもかかわらず、通常であれば子孫である氏子たちが伝承する由来や縁起というものがまったく存在しないのだ。多くの神社の由緒書きに記されている内容は、すべて後世に記紀神話から抜き出したものである。つまり、いかなる氏族の「氏神」ともされていないのだ。スサノヲという名前にも、いずれかの氏族を連想させるような要素は希薄である（一般に、氏族は氏祖神の名にちなんで氏族名を名乗ることが少なくない）。「名は体を表す」のは神名も同様で、むしろ神名こそはその正体に迫る最大の手掛かりであるかもしれない。

スサノヲの神名表記は、『古事記』、『日本書紀』、『先代旧事本紀』、『出雲国風土記』の古典四書の間でさえも異なるのだが、さらに全国各地の神社によっても様々である。まえがきでも述べたように、「建速《たけはや》」などを頭に付けたものや、「之」の字に能や廼などを使ったものなど、ざっと数えただけで三

○○種以上もある。しかし神名表記として重要なのは特定の部分であり、それを示す主なものは以下の三種に大別することができる。

■須佐之男命（『古事記』表記）
■素戔嗚尊（『日本書紀』表記／『先代旧事本紀』は素戔烏尊）
■須佐能袁命（『出雲国風土記』表記）

いずれも「スサノヲ」の音に同音（近似音）の漢字を当てたものだ。音感による当て字であるから、いずれの文字であってもそれ自体に特に重要な意味はないだろう。

そもそも漢字は表意文字であるから本来は意味によって漢語は作られるものだが、私たちの先祖はこれを当初輸入した頃には表音文字として用いた。これを「万葉仮名」という。漢字を利用した民族や国家は少なくないが、表意文字を表音文字として勝手に流用活用したのはヤマト民族、ヤマト国家をおいて他にはない。後々には意味との関連や整合をはかりながら表記されるようにもなるのだが、古い用例の代表とも言える「神名」の表記は、依然として音が優先で、意味は必ずしも絶対条件にはなっていない。したがって、意味がより希薄な神名ほど古い成立であり、意味がより具体的に表現されている神名ほど新しい成立であるとも言えるだろう。

これに倣《なら》えば、右に挙げた神名も、文字のない前時代には口伝として「スサ」か「ソサ」、あるいはその類似音として発音されていたと推測される。

ところが、全国のスサノヲ系の神社において伝えられる祭神名を見ると、この三種から明らかに逸脱した特異な表記を見出すことができる。以下に示す素鵞神社二社をご覧いただきたい。

▼素鵞神社《そがじんじゃ》　愛媛県西条市丹原《たんばら》町楠窪《くすくぼ》
【祭神】　素鵞鳴尊《すさのおのみこと》　大己貴命《おほなむちのみこと》　稲田姫　命《いなだひめのみこと》

▼素鵞神社《そがじんじゃ》　愛媛県今治市大西町紺原甲四八四
【祭神】　素鵞鳴命《すさのおのみこと》　稲田姫命　彌津波能賣命　（配祀）大山積命　高靇神　雷神

二社いずれも祭神名は「素鵞鳴命」となっていて、これで「スサノヲ」と読ませているのだが、本来の漢字の音訓では「スサノヲ」とは読めない。神社名の読みの「そが」は正しい訓読であるから、社名の読み方に誤りはない。そしてそもそも神社名が「素鵞社」であるのだから、同じ文字を用いている祭神名も同じであって当然である。したがって、社名は「そが」であり、祭神名は「そがのお」でなければ整合しない。

なお、出雲大社の本殿背後に鎮座する素鵞社（＊全国の素鵞社の元宮・本宮とされる）も、「素鵞鳴命」表記となっているものもあるが、資料によってまちまちで確定できない。

素鵞神社は全国に一三四社鎮座し（摂社含む／神社本庁登録のみ）、祭神はすべてスサノヲである。その地域別内訳は以下。

茨城県	76社
神奈川県	3社
島根県	10社

岡山県　1社
広島県　1社
愛媛県　41社
高知県　1社
佐賀県　1社

鎮座地が偏っているのは、祭神にゆかりの地で、しかも祀る理由があるからであろう。茨城県七六社、愛媛県四一社、島根県一〇社。三県のいずれも互いに隣接していないということは、鎮座の理由もそれぞれ異なるということである。

このうち茨城県については「延喜式神名帳」に記載のもの（式内社）は一社もなく、またすべてが小社であるところから後世の鎮座と考えられる。それでもとくに数が多いことから、少なくとも出雲系（スサノヲ系）の氏族がある時代に集中的に移り住んだ証しかと思われる。

また、愛媛県についても式内社はなく、やはり茨城県と同様の現象（移住）が集中的に起きたと考えられる。ただ、両者ともその理由が何なのかは不詳である。

なかには稲田素鵞神社や柳素鵞神社などの変形もあるが、社名に「素鵞」の字を用いて「そが」と発音するのは共通している。

ただし、一社のみ例外があって、佐賀県の素鵞神社は「素鵞」と書いて「すさのお」と読ませている。

▼素鵞神社《すさのおじんじゃ》　佐賀県武雄市武雄町富岡

【祭神】素鵞嗚命《すさのおのみこと》

さてそうなると重要になるのは島根県の一〇社ということになる。出雲は、素鵞社の祭神であるスサノヲの故地であり、一連のスサノヲ神話はまさにこの地においてのものである。なお同じ表記でも訓みが異なるため全社に読み仮名を付した。三社が「すが」、七社が「そが」である。

▼**素鵞《すが》神社**（方結《かたえ》神社境内社）島根県松江市美保関町片江
【祭神】倉稲魂命　須佐之男命
▼**素鵞《すが》神社**（奢母智《しやもち》神社境内社）松江市美保関町諸喰《もろくい》
【祭神】素盞嗚尊
▼**素鵞《すが》神社**（三保《みほ》神社境内社）松江市美保関町福浦
【祭神】素盞嗚命
▼**素鵞《そが》神社**　松江市東出雲町下意東《しもいとう》
【祭神】須佐之男命
▼**素鵞《そが》神社**（玉作湯《たまつくりゆ》神社境内社）松江市玉湯町玉造
【祭神】素盞嗚尊
▼**素鵞《そが》神社**（湯《ゆ》神社境内社）島根県雲南市大東町中湯石
【祭神】素盞嗚命
▼**素鵞《そが》神社**（加多《かた》神社境内社）雲南市大東町大東
【祭神】素盞嗚命

▼素鵞《そが》神社（通称　天王社《てんのうしゃ》）雲南市大東町飯田
【祭神】素盞嗚命（配祀）稲田姫命　大己貴命
▼素鵞《そが》神社（子安八幡宮《こやすはちまんぐう》境内社）雲南市木次町山方
【祭神】須佐之男命
▼素鵞社《そがのやしろ》（出雲大社《いずものおおやしろ》　境内社）島根県出雲市大社町杵築東
【祭神】須佐之男尊

武雄市・素鵞神社

一〇社のうち、実に八社が「境内社」になっているのは、素鵞神社が冷遇されてきた歴史を示すものだろう。しかもスサノヲの故地でありながら、いずれも式内社ではない。さながらスサノヲは天神ではないかのような扱いだ。

なお全国各地の例を見ても、由緒ある古社でありながら式内社となっていないものも少なくない。石清水八幡宮、香椎宮、熊野那智大社、八坂神社など遥かに古い由緒がありながら「延喜式神名帳」には収録されていない。これらを式外社《しきげしゃ》という。

延喜式内社を選定したのは他ならぬ中臣氏である。したがって中臣氏の意に添わない神社は除外されている。「中臣神道」ともいうべき体系がつくられつつある時でもあって、相容れない独自の信仰体系を確立しているものや、仏教などの異教と習合しているものなどは除外されている。

とくに注目すべきは、「延喜式神名帳」には収載されていないが、それよりもはるかに古く成立している風土記に収載されている神社であろう。風土記は、七一三年（和銅六年）に撰進の命が発せられて、各地の国造らがそれに答える形で報告した文書である。残念なことに大半は散逸しており、逸文が見られるにすぎないが、唯一完全な形で残っているのが『出雲国風土記』である。これは七三三年（天平五年）成立と明記されている。「延喜式」が施行されたのが九六七年（康保四年）のことであるから、風土記のほうがはるかに古い。

そして右の一〇社の中では、方結神社、三保神社、玉作湯神社、加多神社（加多社）の四社が風土記に収載の神社である。

出雲大社（杵築大社）のみはもちろん風土記にも収載されているが式内社でもある。

つまり出雲の素鵞神社は、境内社とはいうものの、式内社や風土記社の境内社になっているということである。境内社となった経緯は明治新政府による神社合祀令などもあるだろうが、つまびらかにしない。それでも言えるのは、中央からは冷遇されたが、出雲においては尊重されてきたということだ。なかでも最も重視しなければならないのは、出雲大社の境内社となっている素鵞社である。〝境内社〟とは言っても、当社はその配置からみて、さながら出雲大社を「監視」しているかのようである。「出雲大社絵図」（別掲）をご覧いただきたい。大社本殿の真後ろに一段高く盛り土した上に鎮座している。背後は神体山・八雲山である。


全国の素鵞神社の読み方は大多数が「そが」で、一部「すが」。佐賀県の一社のみは、素鵞神社と書いて「すさのをじんじゃ」と読む。「スガ」と「スサ」の混用が見られる。祭神はもちろんすべてスサノヲ（素盞嗚尊・須佐之男命）である。

なかでも重要な島根県の一〇社は三社が「すが」、七社が「そが」。もちろん祭神はすべてスサノヲ神。「すが」は「須賀須賀し」に由来するのは当然である。

問題は「素鵞鳴命」という祭神名表記であって、「鵞」は漢音でも呉音でも「サ」とは発音しない。いずれも「ガ」であって、ゆえに「素鵞」の文字で「スサ」と読ませるのは発音さえ伴わない完全な当て字である。つまり、これは「ソガ」としか読めないものであって、素鵞（ソガ）が鳴く、と書いて「スサノヲ」と読ませているのだ。「ソガ」という氏族は、むろん「蘇我」のことであろう。歴史上、特異な存在である、あの蘇我氏である。

あるいは蘇我氏は、もとは素鵞氏であったのかもしれない。いずれにせよ、蘇我氏の本来の氏神はスサノヲであり、氏神神社は素鵞神社および須我神社、須賀神社であると私は考えている（＊後述／第3章、第5章）。

「出雲大社絵図」（部分）

前述のように、後年には意味との関連をはかりながらさらなる導入をおこなうようになるのだが、古い用例の代表とも言える「神名」の表記は、音が優先で、意味は必ずしも絶対条件にはなっていない。したがって、意味がより希薄な神名ほど古い成立であり、意味がより具体的に表現されている神名ほど新しい成立とも言える。その用法からくる語音の成り立ちにおいては「そが」と「すが」は同一である。

ただ、発生は「すが」が古く、「そが」は後発であろうと思われる。

しかし漢字表記となると、「須賀」も「素鵞」も元はともに「すが」と読んだはずで、それは祭神名の素戔嗚尊において「素」を「す」と読んでいるからである。

また、「素鵞《スガ》」と「素盞《スサ》」の混在は、言い換えによって正体・系譜を隠そうとしたものの、唯一「素鵞」が残ってしまったものだろうと思われる。混在こそは、スガからスサへの変換を証言するものであるだろう。なぜならば、本来は「素鵞」であることは明白であるにもかかわらず、それ以外のすべての表記が「スサ」の音に漢字を当てているからだ。

スサノヲは須賀の地に宮殿を建てて、この地の王として君臨統治した。人々は敬意を込めて「須賀の宮の王」――スガノヲウと呼んだことだろう。

しかしヤマト朝廷へ服属の後は、似て非なる神名・スサノヲを与えられて出雲の系譜に組み込まれ、新たな神話体系にその名を連ねることとなったのではないだろうか。


ちなみに「出雲屋敷」という信仰がある。一種の地鎮祭であるが、古くからおこなわれているもので、出雲大社に独特の祭祀である。建築の土木工事に先立って、その土地の東西南北と中央と合わせて五カ所に「御神土《おつち》」別名「浄め砂」を埋め込むものだ。御神土とは出雲大社の霊験が込められた土のことで、これをおこなった建築物を出雲屋敷と呼び、オオクニヌシの守護を受けるとされる。

この祭祀のポイントとなっている御神土について、現在の出雲大社では「潮砂」としている。すなわち、稲佐の浜の海中から大社の神職が採取した潮砂を、大社において遷霊祭――オオクニヌシの霊威を砂に遷す祭祀――をおこなったものをいう。またそれとともに建築物内に神棚を設けて、そこに五方札と呼ばれる神札を祀る。

これらの手続きをおこなうと、その土地・建物は「神の屋敷（オオクニヌシの屋敷）」となったことになり、全面的に強力な守護を得られるというものだ。ちなみに五カ所とは五行のことであって、

「木・火・土・金・水」の五元素を意味する。五元素による「相性《そうしょう》・相剋《そうこく》」の循環論理をもって、森羅万象すべての原理となすものだ。これについては少々説明が必要だろう。

木は燃えて火を産み出す。その火は燃え尽きて土を産み出す。土は年月を経て金属となる（土中に金属がある）。金属は冷えて水滴を生ずる。そしてその水は木を育てる。——という次第で、「生じる」「産み出す」という発展的な連鎖、力関係が、「相性」という循環構造をもたらすという思想である。

これに対して、「勝つ」「打ち負かす」という力関係を「相剋」という。木は土から養分を吸い取る。その土は水を吸い込む。水は火を消す。火は金属を溶かす。そして金属は木を切り刻む、ということになる。この世界のありとあらゆる要素を五種に分類し、しかもそれを五行に当てはめて配当している。すなわちこの世界を構成するすべての要素・元素の基準となるのだが、いくつか事例を挙げて解説しておこう。

たとえば色彩は、木は蒼く繁り、火は朱く燃え、土は黄色くて、金属は白く輝き、水は玄《くろ》く深い、——という発想で「五色」が配当されている。

大相撲の土俵も同じ五方除《よ》けが採られている。青房下、朱房下という言い方を聞いたことがあるかと思うが、これは実際に土俵の上の大屋根に下げられている四色の房のことである。黄色は土で中央であるから、つまり土俵の土そのものである。ここに地主神を祀り、横綱が土俵入りで反閇《へんぱい》をおこない、踏み固めることで

稲佐の浜

聖地となるのだ。それを四神が取り囲んで守護するという呪術である。

五方除けとは、すなわち陰陽道の祭祀である。出雲屋敷（出雲地鎮祭）は五カ所に「御神土」を埋めることによって、その地を神の土地に変えてしまうという呪術であり、大地主《おおとこぬし》であるオオクニヌシに守護を願うというもの。これによって屋敷（建築物と土地）が聖地と化するわけである。

ところで肝心の御神土であるが、本来は潮砂ではなく、素鵞社の床下の土を分けていただくものであった。出雲大社の床下ではなく、素鵞社の床下から採るというのが重要な意味を持っている。つまり、大地を守護する出雲の地主神は、実はオオクニヌシではなく、スサノヲだということなのである。なにしろオオクニヌシは出雲大社という比類なき壮大な社殿に鎮座しているにもかかわらず、その背後に鎮座する小祠・素鵞社のスサノヲに見守られているのだ。背後は五行の「玄武」にあたる。地理風水では精気《エネルギー》をもたらす祖山である。

オオクニヌシは「国譲り」した。つまり、その時点でもはや国土の主宰神・守護神ではないことになる。幽世《かくりよ》の主宰神となって、現世《うつしよ》とは関わりのない神となったはずなのだ。したがって、もし国土の神の守護を願うのであれば、オオクニヌシから国土を譲り受けた「天孫」にこそ祈願すべきところである。

ところがその後も出雲では地主神は依然としてオオクニヌシであり、さらにその祖先神たるスサノヲこそが大地主であるのだ。

出雲大社がオオクニヌシを鎮魂するために建てられたことは記紀に明記されている。「国譲り」という美名によって糊塗されているが、実態は「服属」であろう。各地に盤踞していたスサノヲの末裔たちを大社に祀り上げることによって、ヤマト政権は成立したのだ。そのためにはおそらくは多くの血が流されたであろうし、新政権に対する「怨み」も残ったに違いない。出雲大社（杵築大社《きつきのおおやしろ》）は、その鎮魂の社である。それを背後から見守る素鵞社は、怨霊化を封印する意味も持たされているのだろう。

譲り渡した〝国〟が何処《どこ》を示すのかはともかくとして、その霊魂を祀ったのが現・出雲ということである（出雲地方は古代から現在に至るまで祭祀の地であって、経済的社会的に発展したことはない）。スサノヲの末裔たちを大社に祀り上げることによって（鎮魂することによって）、ヤマト政権は成立した。

なお、出雲大社の主祭神は次のように移り変わっている。

▼オオクニヌシ（創建から、平安時代前期まで）
↓
▼スサノヲ（平安時代中期から、江戸時代中期以前の七〇〇年間以上）
↓
▼オオクニヌシ（江戸時代中期以降、現在まで）

それでも、スサノヲの系統であることには変わりはない。

オオクニヌシは「国譲り」した。つまり、その時点でもはや国土の主宰神・守護神ではないことになる。幽世《かくりよ》（あの世）の主宰神となって、現世《うつしよ》（この世）とは関わりのない神となったはずなのである。したがって、もし国土の神の守護を願うのであれば、オオクニヌシから国土を譲り受けた「天孫」にこそ祈願すべきところであるが、その後も出雲では地主神は依然としてオオクニヌシであり、さらにその祖先神たるスサノヲこそが大地主である。これはいったい、どういうことだろう。

ちなみに、いわゆる「国譲り神話」は記紀に記されているところから、日本人の誰もが知る代表的な神話である。ところが、『出雲国風土記』には、国譲りについての記述はまったくない。つまり「国譲り」は、記紀は認めるが、『出雲国風土記』は認めていない、ということになる。ヤマト朝廷は「国譲り」だと言っているが、出雲の国造はそれについて沈黙している。少なくとも追認していないのだ。

これらは以下の事実を示唆しているのではないだろうか。——すなわち、オオクニヌシはヤマト朝廷によって創り出された神であり、統合神として地祇《くにつかみ》の象徴とされたもの。そしてスサノヲこそが出雲の根元神であって、最も古い神なのではないか。オオクニヌシがオオナムチ以下多くの別名を持ち、しかして実体が定まらないのはこの理由によっているのではないか。——特定の固有性はもともとオオクニヌシには存しないのだと考えれば、答えが見えてくる。

出雲大社がオオクニヌシを鎮魂するために建てられたことは記紀に明記されている。出雲地方に盤踞していたスサノヲの末裔たちを大社に祀り上げることによって、ヤマト政権は成立したのであって、オオクニヌシとは、彼らの集合体としての神名ではないだろうか。

政権移行のためには多くの血が流されたであろうし、新政権に対する「怨み」も残ったのは間違いない。出雲大社（杵築大社《きつきのおおやしろ》）は、その鎮魂の社なのだろう。そして、それを背後から見守る素鵞社は、怨霊化を封印する意味があるのではないだろうか。

第2章【京都篇】

怨霊神となったスサノヲ……祇園会にみる都人の恐怖心

「祇園神」の由来

〈コンコンチキチ、コンチキチ〉という独特のお囃子で知られる祇園祭は、京都・八坂神社の夏の大祭である。日本三大祭りの一つともいわれて、華麗な山鉾《やまほこ》（山車《だし》）の巡行でクライマックスを迎える。この祭りは、貞観十一年（八六九年）、京都に疫病が流行した時に、六十六本の鉾《ほこ》を立てて御霊会《ごりょうえ》をおこなったのがはじまりである。「御霊会」とは、災いをもたらす悪霊をなだめるための祭りをいう。

本書のまえがきでも述べたが、京都の祇園祭は、正しくは祇園御霊会《ごりょうえ》といって、平安京の御霊《ごりょう》信仰を象徴する祭りである。名称の「御霊《ごりょう》」とは「怨霊《おんりょう》」の美称であって、つまりは「祟り神」を手厚く祀って鎮魂し、その霊力を逆用善用しようという思想である。

悪神なればこそ特別な霊力が備わっており、帰依する者にとっては最大の守護者になるという考え方は特に珍しいものではない。世界各地に事例はあって、あえて共通点を見出すとするなら、「古い神」に多く善転が見られる。ただし善転した神は、その信仰や帰依に誤りや裏切りがあると、ただちに悪転して祟りをなすとされる。

日本の信仰史においては平安時代に入ってから突然勃興する信仰形態であるが、祇園祭は、いわばその集大成であるだろう。それゆえに、祇園の神は、集大成の祟り神であって、とりわけ京の都人《みやこびと》にとっては、最終的にたどり着いた最大級の祟り神である。平安京にいかに天災人災が多かったか、この一事をもってしても想像できようというものである。ただし、それはあくまでも祇園神のことであって、スサノヲと同一とされたことについては根源的な疑問がある。

そもそも「祇園神《ぎおんしん》＝牛頭天王《ごずてんのう》」とは何者か。端的に言えば「疫病神」である。平安京の初期の頃は、明日香京や平城京以来、西域等からの渡来人が数多く居住し活躍していた。彼らは先進的な知識や技術を伝播したが、同時に疫病ももたらした。都には赤痢などの疫病が繰り返し流行し、市中には放置された死体が数えきれぬほど溢れていたという。しかしその対処法はといえば、治療法も治療薬もなく、ただ神仏にすがるばかりであったのだ。

その結果、平安京には御霊信仰の神社仏閣が次々に建てられて、その集大成ともいうべきものが感《かん》神院《しんいん》祇園社《ぎおんしゃ》であった。現在の八坂神社である。

八坂神社は元は「祇園社」「祇園天神」「祇園感神院」「祇園牛頭天王」などと呼ばれ、名称が示す通り神仏習合の社である（祇園とは、インドの仏蹟「祇園精舎《ぎおんしょうじゃ》」に由来している）。

その創立についてはいくつかの伝承がある。一つは、僧円如が牛頭天王を勧請して観慶寺《かんぎょうじ》感神院を建てたのが始まりとする説。また、修行僧が祇園天神堂を建てたのが最初であるという説もある。また、前身はこの地の古い鎮守神で、高句麗系帰化人八坂氏の氏神ともいわれ、社伝には新羅の牛頭山から神霊を迎えたとある。いずれにしても、八坂神社はその創立の時から神仏習合であったことは間違いない。

仏教が朝鮮半島から渡来したことと関係があるのかもしれないが、京阪神の神社には高句麗系、新羅系の神を祀るという伝承のあるものが多い。しかし、人のいる所には神もいるということで、それ以前にも産土神《うぶすながみ》などの土着の神を祀る祠はあったはずである。とすれば、異国の神々との融合、異国の人々との融合ということが考えられて、それがこの地方の文化の成り立ちとなっている。

なお、八坂神社に隷属した神人《じにん》は、とくに犬神人《いぬじにん》・弦女曾《つるめそ》などと呼ばれて、普段は皮革具や弓矢を作り、市中の不浄の清掃、死体の処理、墓所の管理などをおこなった。これは、神社の雑役と兼務であって、神道では不浄を嫌うことを思えば、稀有の例であろう。八坂神社＝感神院祇園社の特異な性格を象徴的に表していると考えられる。

京都・八坂神社

八坂神社の創建についてはいくつかの伝承があるが、最も古いとされるものは六五六年（斉明天皇二年）に高句麗から来日した調進副使・伊利之《いりし》使主《おみ》が、新羅の牛頭山に祀られていたスサノヲを山城国愛宕郡八坂郷に祀ったというものである。

しかしその説は現在ではすでに否定されていて（歴史的資料に根拠が見出せないため）、そもそも『日本書紀』の記述に基づいてスサノヲを取り込もうとの高句麗の企図が露骨に見えるものでしかない（渡来年代まで遡って虚言を弄している）。牛頭天王もスサノヲもともに祟り神・災厄をもたらす神とされていたことから、高句麗が自国をより高く見せるために政治的に利用しようとしたものであるのではないか。日本へ朝貢していながら、日本で重要視されている神仏を高句麗由来と主張して、あたかも精神文化は上位にあると思わせようというものであるだろう。そもそも高句麗各地に牛頭山という信仰地があったかどうかさえ疑問である。

『日本書紀』の記述にはこうある。

高天原から追放されたスサノヲは、新羅の曾尸茂梨《そしもり》に降ったが、

「この地に吾居ること欲さず（乃興言曰　此地吾不欲居）」

と言って、そのまま土船で東に向かい、出雲国斐伊川上の鳥上の峰へ到った（「遂以埴土作舟　乘之東渡　到出雲國簸川上所在　鳥上之峯」）。

そして八岐大蛇《やまたのおろち》を退治した。

降臨に同行していた息子の五十猛神《いそたけるのかみ》は、高天原から持ってきた木々の種を、韓の地には植えず、大八洲に植えたので大八州は森林の地になったという謂われである。

曾尸茂梨が現在のどの地にあたるのかも不明であるが、この経緯は日本が豊かな森林の国であることの由来を示唆している。すでに七世紀においても、わが国に比べて韓半島は森林が少なかったのだという事実が示されている。また、神話伝承をそのまま受け取るのであれば、「居ること欲さず」なのであるから、一時的に立ち寄ったということであって、これをもってスサノヲが韓系（朝鮮系）の神であるとするのはまったくの見当違いであろう。

ちなみに韓国朝鮮に候補地はいくつかあるが、独自の伝承が存在するわけではない。韓国の研究者は、江原道春川、済州島などを曾尸茂梨に比定しており、江原道にはスサノヲの宮殿跡と目された場所に江原《こうげん》神社が建立された（戦後に撤去）。

▼**江原神社**（旧朝鮮）江原道春川郡〔市〕春川邑

【祭神】天照大神　明治天皇　国魂大神　素盞嗚大神

創建・鎮座は、一九一八年（大正七年）。国幣小社。なお江原神社の跡地には楼門などはそのままに、現在はホテルが建てられているという（世宗《セジョン》ホテル）。

しかしこの神話を文脈正しく解釈するのであれば以下のようになるはずである。

「日本列島・朝鮮半島以外」の出自である者が、何処《どこ》かへ移動する途中に朝鮮半島に立ち寄ったが、ここにはとどまりたくないと思ったので、早々に立ち去って日本へ到達した、と。

古来、朝鮮半島という地域は「通り道」に過ぎないのだ。文化等の発祥地でもなければ、歴史的に中心地となったこともない。東からも西からも蹂躙されるばかりという宿命にあって、憐憫をもって対したいと思っているが、こういった虚言を弄するのは見過ごすわけにはゆかない。

また、曾尸茂梨は新羅・伽耶山のことであって別名が牛頭山であるとの説もあるが、これも虚偽である。そのような史実は存在しない。どのみちスサノヲおよび感神院祇園社を韓半島由来としたい者による付会《ふかい》であるから、究明してもあまり意味はない。山名はあくまでも「伽耶山」であって、これを牛頭山という別名があったとの説は依拠する資料もなく、まったくの虚偽であろう。牛頭天王という神名が新羅の牛頭山に由来するとこじつけるための創作であろうと思われる。「朝鮮・韓国起源説」といわれるもののこれも一例であろう。

八坂神社の現在の主祭神は次のようになっている（＊近年、多様な祭神を次々に祀り合わせるという傾向が多くの神社で見られるが、本来の神社信仰は主祭神のみのシンプルな信仰である）。

中御座　素戔嗚尊《すさのおのみこと》
東御座　櫛稲田姫命《くしいなだひめのみこと》（御同座　神大市比売命《かむおおいちひめのみこと》・佐美良比売命《さみらひめのみこと》）
西御座　八柱御子《やばしらのみこ》神《がみ》（＊素戔嗚尊の八人の皇子神）（八島篠見神《やしまじぬみのかみ》、五十猛神《いたけるのかみ》、大屋比売神《おおやひめのかみ》、抓津比《つまつひ》売神《めのかみ》、大年神《おおとしのかみ》、宇迦之御魂神《うかのみたまのかみ》、大屋毘古神《おおやびこのかみ》、須勢理毘売命《すせりびめのみこと》）
（傍御座　稲田宮主須賀之八耳神《いなだのみやぬしすがのやつみみのかみ》）

ところが実は、このようになったのはきわめて新しいもので、明治元年（慶応四年）の神仏判然令によるものである。この時を境に、「八坂神社」と改められ、祭神も一変された。それまでの「感神院祇園社」の祭神は次の通りであった。

中の座　牛頭天王《ごずてんのう》
東の座　八王子《はちおうじ》
西の座　頗梨采女《はりさいによ》

祇園社の社伝によれば頗梨采女《はりさいによ》は牛頭天王の后神であり、八王子はその八人の王子である。それゆえに、明治の神社化において、それぞれスサノヲの后神である櫛稲田姫命《くしいなだひめのみこと》と八柱御子《やばしらのみこ》神《がみ》とに比定された。

なお当初の祭神は「祇園天神」と呼称されていたもので、その後（鎌倉時代までには）牛頭天王が祀られ、さらにほどなくして素戔嗚尊が習合せられたものと考えられている。

牛頭天王は、古代インドにあった祇園精舎を守護する神とされるが、日本以外にはインドにもシナにも朝鮮にも信仰されたという記録も伝承もない、いわば起源不詳の神である。そもそも牛頭天王という名もそもそも由来不明である。古代シナの疫病神が牛頭人身《ぎゅうとうじんしん》の姿をしているというイメージの伝播が先にあって、その形容をそのまま名前としたものかもしれない。

そもそも牛頭天王や牛頭山の「牛頭」を「ゴズ」と発音するのは誤読に基づいている。「牛頭」は、漢音であれば「ギュウ・トウ」、呉音であれば「グ・ズ」である。七世紀の創建という伝承を信ずるならば、仏教伝来から間もなくのことでもあるから、より古い発音の「呉音」であったとして、呉音の「グ・ズ」が訛って近縁音の「ゴズ」となり、誤読のまま定着したものだろう。

しかしもし「ご」の発音を優先するなら当て字の「午」の誤りとも考えられる。十二支の一である。しかし「午」が正しいとするならば、これは「うま」であって「うし」ではないから、角《つの》はない。したがって、やはり「午頭《うまあたま》」ではなく「牛頭《うしあたま》」が正しくて、日本語の誤読によって定着した名前であると考えられる。

とすれば新羅の牛頭山という山名は（もし実在するなら）、後年にヤマト由来でこじつけられたものであって、本来は祇園信仰とは無関係の山であるだろう。つまり、「ゴズテンノウ」は日本語・和語であるのだから、これが先に高句麗（朝鮮半島）に存在するはずはないということになる。

「祇園祭」の意義

祇園祭は、貞観年間に各地で疫病が流行した際に、平安京神泉苑《しんせんえん》でおこなわれた御霊会を起源とするもので、天禄元年（九七〇年）頃から当社の祭礼として毎年おこなわれるようになったものである。

神泉苑は、桓武天皇が平安京を選定する際に、同時に計画された禁苑である。設計には巨勢金岡《こせのかなおか》が携わり、神仙思想を中心に陰陽道の思想が強く反映されていた。大内裏の南東側に隣接して造営され、南北四町、東西二町の総面積八町におよぶ大庭園であった。驚くべきことに、現状の境内地の約十倍強に相当する一二万平方メートルもの広さがあった。約三万六〇〇〇坪、東京ドーム二個半に相当する。大池の北側に面して正殿である乾臨閣《けんりんかく》があり、緑釉《りょくゆう》の瓦屋根には金色の鴟《し》尾《び》が輝いていた。その正殿の左右に閣、東西に釣台があり、廊でつながれていた。敷地の北端部にあった湧泉から池までの流れは川を成し、滝となり、橋を架けて滝殿も構えられていた。

これらの堂々たる宮殿建築は、その後の寝殿造や浄土庭園の先駆けとなるものであった。桓武天皇以来、平城天皇、嵯峨天皇はしばしば苑に行幸し、宴遊した。季節に応じて、舟遊びや観月、競馬、七夕、相撲、狩猟、釣魚などがおこなわれた。

神泉苑はいまは二条城の南側に位置する。真言宗東寺派の寺院になっているが、本来はその名の通り「神の泉」であるから、仏教寺院ではない。法成就池と後世に名付けられた元の大池は、御池通の名の由来でもある。

八二四年（天長元年）、淳和天皇の勅命により、弘法大師空海は神泉苑の池畔にて祈雨の法をおこない、インドの善女龍王を呼び寄せたとされる。この時、日本国中に雨が降り、民は大いに喜んだ。これ以降、神泉苑は信仰の地となり、池には善女龍王が住むという伝説が定着した。

現在は、御池通に面した鳥居をくぐると、中島正面に善女龍王社がある。右手前には小さな恵方社。そして左手に本堂がある。しかしその成り立ちからも、聖観音、不動明王、弘法大師を祀る本堂より、やはり善女龍王社が中心であり、本来の姿であるだろう。陰陽道では、神泉苑を「龍口水」つまり

神泉苑古図

「龍の水飲み場」とする。

　桓武天皇は、神泉苑を最も愛し、しばしば足を運んだ。自らも陰陽道に深く携わっただけに、とくにここの意義を重視していたと思われる。以来、八百年近い年月を、平安京の信仰拠点として過ごすことになる。

　慶長六年（一六〇一年）に始まる二条城の造営は、苑を大きく破壊した。北部四分の一が城内にとりこまれ、殿舎をはじめとする遺構はことごとく破壊された。これは、家康の意図による「風水断ち」である。神泉苑を破壊し、その上に城を築くことによって、堂上公家から京の町衆はもちろん、すべての人々に対して示威行為《デモンストレーション》をおこなった。以後、家康はここに政治の拠点を置き、天下人たる階段を一気に駆け上がることになる。神泉苑の歴史は、その末路において家康の権威付けに利用されることとなったのだ。

　さらにその後、朝廷の権威が低下するのにともなって、苑は荒廃の一途をたどる。全国どこにでも見られる現象だが、神泉苑もその例に洩れず、周囲の民家に侵食された。幕府もそれを放置した。江戸時代を通じて徐々に侵食されて、北東部分だけを残すまでになり、ついには現在の規模になったのだが、これは往時の六パーセントでしかない。京の町衆、恐るべし！

神泉苑では多くの祭祀がおこなわれたが、祭神の龍王にちなんで祈雨、つまり「雨乞い」の祈禱が多く、次いで怨霊の祟りを鎮める祈禱がおこなわれた。その中でも特に歴史的イベントになったのが、貞観五年（八六三年）に大掛かりに執りおこなわれた御霊会《ごりょうえ》である。その年、都に疫病が大流行し、まさに猖獗《しょうけつ》をきわめた。上下を問わず死者は山為すありさまで、怨霊の祟りであるとされて恐怖が都を席巻《せっけん》した。御霊会が公式の記録に登場する最初である。この御霊会は、早良親王をはじめとする六人の怨霊を鎮めるためにおこなわれた。これを**六所御霊**《ろくしょごりょう》という。御霊は、政治的に失脚した者が、生きている人に祟りなす怨霊のことであるが、とりわけ次の六人を六所御霊と呼んで特に畏れた。

崇道《すどう》天皇（早良親王）　七八五年没。桓武天皇の弟。皇太子であったが、藤原種継暗殺事件に連座して、淡路へ流される途中乙訓《おとくに》寺で絶食して死去。

伊予親王　八〇七年没。桓武天皇の第三皇子で、母は藤原是公の娘吉子。大同二年（八〇七年）、藤原仲成の陰謀により母とともに川原寺に幽閉され、服毒自殺。

藤原夫人（藤原吉子）　伊予親王の母。親王とともに自殺。

橘逸勢《たちばなのはやなり》　八四二年没。皇太子恒貞親王を伴健岑《とものこわみね》とともに擁立し、謀反を起こそうとした罪により捕縛。伊豆国配流となったが、途中遠江国板築駅で病死。

文室宮田麻呂《ふんやのみやたまろ》　生没年不詳。筑前守の時、新羅人張宝高と交易をおこない解任された。八四三年、新羅人と反乱を企てたとして伊豆に流罪。
藤原広嗣《ふじわらのひろつぐ》　七四〇年没。大宰府に左遷されたことを怨み、弟の綱手とともに挙兵。藤原広嗣の乱。
敗戦によって、弟ともども斬死。

そこで朝廷は、神泉苑においてこれまでにない盛大な御霊会をおこなうこととした。当時の全国の国の数である六六本の鉾を立てて、それを神泉苑の池に納めて厄払いとする。この催しが、発展して、かの祇園祭となる。京の最大のイベントである祇園・山鉾巡行は、神泉苑での怨霊祈禱がそもそもの出発であり由来である。つまり「六六本の鉾」が山鉾の起源である。祇園祭は、正しくは祇園会というが、いわば御霊会の集大成であって、京の町衆は年に一度、この祭りで怨霊の祟りを祓うのである。

祇園祭の由来となった御霊会もそうだが、神泉苑ではたびたび「呪術対決」「方術対決」がおこなわれた。朝廷主催の公開イベントによって不満の溜まった民衆のガス抜きをおこなうとともに、厄払いの効果も狙った一石二鳥の政策である。密教僧対陰陽師、などはきわめてポピュラーな構図だが、白拍子による舞合戦、などという催しもあった。後白河法皇の主催で、一〇〇人の白拍子が雨乞いの舞を次々に奉納する。九九人まではまったく効果がなかったが、最後の一〇〇人目の白拍子が舞うと、にわかに空はかき曇り雨が降り出したという。この時の一〇〇人目の白拍子こそが、静御前となる女性で、義経はこの席に招かれて、法皇によって引き合わせられたものであるという（『義経記』）。

▼御霊神社（上御霊）　京都府京都市上京区上御霊竪町

▼下御霊神社　京都市中京区下御霊前町

六所御霊に、吉備真備と菅原道真を加えて「八所御霊」とし、その鎮魂を目的に建立されたのが上下の御霊神社である。もとは一つの神社であった。天皇家の産土神《うぶすながみ》である。つまり、祇園御霊会は元々は御霊鎮魂の祭祀であったが、その後、疫病退散の祭祀へと変質したことになる。都人の恐怖の対象が、怨霊から疫病へと移ったということであろう。

全国の主な「祇園社」

八坂神社は全国に約三〇〇〇社あるが、なかでもとくに「祇園」の名称を残しているもの、「祇園社」は、本社二〇五社、境内社一七四社、計三七九社鎮座する（＊神社本庁登録のみ）。

1. 神社名に直接「祇園」を掲げている社（祇園神社、祇園社など）
2. 通称「祇園（天王）」である社（改称する以前正式名称であった社、由来から呼び習わされている社）

全国各地の祇園社勧請の歴史は、わが国の疫病との戦いの歴史である。そしてそれぞれの祇園祭こそは、疫病退散の祝福の祭りであるだろう。京都や博多の祇園祭が何にもまして盛大であるのは、民衆の喜びを体現しているからこそなのだろう。

▼素盞雄《すさのお》神社（通称　千住天王《せんじゆてんのう》　＊地元では「天王さま」と呼ばれている）東京都荒川区南千住

【祭神】須佐之男命　事代主命
「遠祖黒珍が住居の東方小高き所に大なる奇岩あり。連夜奇光を認め是霊場なるべしと日夜斎戒礼拝するに、延暦十四年四月八日の夜其の奇岩瑞光を発ち二柱老翁神影を現し給ひ、黒珍に託宜して「吾れは素盞雄大神（牛頭天王）飛鳥大神（飛鳥権現）なり、吾れを祀らば疫病を祓ひ幸福を増し永く此の郷土を栄えしめん」と（中略）此の瑞光を発ち両神の現れ給ひし霊岩を「神影面瑞光荊石」と称し、此の古跡を小塚と謂ふより後世小塚原の地名となる。」（「御由緒」より）

▼梛《なぎ》神社（通称　元祇園《もとぎおん》梛神社《なぎ》）京都府京都市中京区壬生《みぶ》梛《なぎ》ノ宮《みや》町
【祭神】素盞鳴尊
「清和天皇貞観十一年京都に疫病盛に越《ひろが》る故に悪疫を薙はらい病を鎮めるために（素盞鳴尊）の神を播磨国広峰より勧請して四条の坊城へ神輿を入れ奉られる。此の地に数万本の梛の木あり源某と言う人が此の地に居住し神霊を朱雀大路に近い梛の林中に祭祀尊を斎き奉る。」（「梛神社記要」より）

▼一岡《いちおか》神社（通称　祇園さん）大阪府泉南市信達大苗代《しんだちおのしろ》
【祭神】建速須佐之男命　稲田姫命　八王子命
「二十九代欽明天皇の御代（西暦五三九年）悪疫流行し、勢日に増し激しく止まる事知らざるに及び、時の長人一丘神社に平癒祈願させた処、神徳現証顕著でありましたので、その奇徳を仰ぎ山城國に御分霊を斉して帝都の疫病除け祈願の神と定められ、毎年大祭には御神輿を迎えて祭典を執行する事となりました。」（「一岡神社由緒」より）

▼須賀神社（通称　祇園さま）福岡県福岡市早良《さわら》区田村

【祭神】素佐男命

「天保の大飢饉に悪疫起こり餓死する者相つぎ、氏人神職相謀り、豊前国今井津鎮座の祇園神社より分霊奉斎し、この地を定め氏子中の疫病封じを行ったに始まる。」（「須賀神社略記」より）

▼素盞嗚《すさのお》神社（通称　祇園神社）福岡県小郡《おごおり》市小郡

【祭神】素盞嗚神

「（慶長年間）当時は戦乱が続いた上、疫病の流行も多かったが、この小郡だけは疫病に罹る人が少なく、これは祇園様のおかげだと近隣十九ケ村に加え、二十七ケ村の宗廟として、また領主有馬公の崇敬も厚く御祈願所と定められ毎年祈禱を執行していたと伝えられる。」（「素盞嗚神社由緒」より）

▼祇園神社（通称　ご天王様）宮城県気仙沼市本吉町歌生

【祭神】素盞嗚命

▼須賀神社（通称　祇園様）秋田県由利本荘市出戸町字下川原中島

【祭神】建速須佐之男命　天目一箇命

▼八雲神社（通称　お天王さん、祇園さん）山梨県甲府市元紺屋町

【祭神】素盞嗚尊

▼八雲《やぐも》神社（通称　祇園様、佐竹天王様《さたけてんのうさま》）神奈川県鎌倉市大町

【祭神】須佐之男命　稲田比女命　八王子命　（配祀）佐竹氏霊神

▼**打越《うちこし》八坂神社**（通称　祇園さん）石川県小松市打越町甲

【祭神】（主神）素戔嗚尊　奇稲田姫命　（合祀）倉稲魂命　大宮能比賣命　大田命

▼**祇園神社**（通称　お天王さん）岐阜県各務原《かがみはら》市前渡西《まえどにし》町

【祭神】須佐之男神

▼**三田《みた》神社**（通称　三田の祇園さん）三重県上野市三田

【祭神】素盞嗚命　五男三女八柱神　菅原道眞　大日孁貴命　（合祀）蛭子命　少名彦命　天兒屋根命　大物主神　大山祇命　宇賀能御魂命　應神天皇　火之迦具土命

▼**素佐男《すさのお》神社**（通称　祇園さん）奈良県桜井市三輪

【祭神】素佐男命

▼**祇園神社**（通称　祇園さん）兵庫県神戸市兵庫区上祇園町

【祭神】素盞嗚尊　櫛稲田媛命

▼**呉服《くれはとり》神社**（通称　祇園さん）兵庫県豊岡市出石《いずいし》町八木

【祭神】栲幡千千姫命　（配祀）建速須佐之男命

▼**祇園神社**　兵庫県西脇市大垣内

【祭神】武速素盞嗚命　（配祀）五男三女八柱大神　櫛稲田姫命

▼**祇園宮《ぎおんぐう》**　岡山県岡山市東区南古都《みなみこず》

【祭神】素盞嗚命

▼**八坂神社**（通称　細川の祇園さん）和歌山県伊都《いと》郡高野《こうや》町細川

【祭神】素盞嗚命　奇稲田姫命　天香香背男神　日本武命　市杵嶋姫神　水波女命　建南方命　久

那斗神　蒼稲魂神
▼**深浦神社**（通称　祇園さん）鳥取県米子市祇園町
【祭神】素盞嗚尊　伊弉册尊　迦具土神
▼**安来**《やすぎ》**神社**（通称　祇園天王社）島根県安来市安来町
【祭神】神須佐乃男命　稲田姫命　（配祀）五男三女之神
▼**須賀神社**（通称　祇園神社・祇園さん）島根県浜田市松原町
【祭神】健速須佐之男命　（配祀）櫛稲田姫命　八王子神　大已貴神　應神天皇　神功皇后　仲哀天皇　仁徳天皇
▼**安**《やす》**神社**（通称　お祇園さん）広島県広島市安佐南区祇園
【祭神】須佐之男命　稲田姫命　大已貴命　（配祀）伊邪那岐命　伊邪那美命　少彦名命　五男三女神　大山咋命
▼**八坂神社**（通称　祇園様）山口県長門市仙崎祇園町
【祭神】素盞嗚尊　（配祀）奇稲田姫命　蛇毒氣神　（合祀）五十猛命　大屋津姫命　抓津姫命　蘇民將來　大已貴尊　天太玉命　大山咋神　蛭兒神　保食神　倉稲魂命　少彦名命　罔象女神
▼**八阪神社**（通称　祇園）徳島県海部郡海陽町久保
【祭神】健速須佐之男命　（配祀）稲田比賣命　八柱御子神
▼**須賀神社**（通称　お祇園さま）愛媛県大洲市若宮
【祭神】素盞嗚命　（配祀）稲田姫命
▼**櫛田神社**（通称　お櫛田さん　＊博多祇園山笠が例大祭）福岡県福岡市博多区上川端町
【祭神】大幡大神（櫛田大神）　天照皇大神　素盞嗚大神（祇園大神）

▼**八坂神社**（通称　お祇園さあ）鹿児島県鹿児島市清水町
【祭神】素盞嗚命（配祀）奇稲田姫命　田心姫命　湍津姫命　市杵嶋姫命　天忍穂耳命　天穂日命　天津彦根命　活津彦根命　熊野杼樟日命（合祀）八衢比古命　八衢比賣命

▼**八坂神社**（通称　お祇園様）鹿児島県西之表《にしのおもて》市西之表
【祭神】素戔嗚命

博多祇園四番山笠（表と裏）

これらとは別に、神仏判然令以後も祭神に敢えて牛頭天王を祀っている神社は全国に一七八社鎮座している（本社九一社、その他は摂社末社）。そのほとんどは社名を変更しても祭神からは牛頭天王（別名　八坂大神）を外さなかったものであるが、中には復活させたものや、新規に勧請したものもあるようだ。いずれにせよそれだけ強い信仰があったということであり、また牛頭天王が祭神であるということは疫病退散を祈念するために勧請されたものであることを示しているということである。

▼**牛頭天王社**（駒形神社境内社）福島県喜多方市塩川町中町
【祭神】牛頭天王

▼**下郷《しもごう》牛頭天王社**（萩日吉《はぎひよし》神社／通称　平《たいら》の山王様〔境内社〕）埼玉県比企郡ときがわ町西平
【祭神】牛頭天王　木花開耶姫命

▼**神明神社**（通称　天王社）神奈川県南足柄市内山
【祭神】牛頭天王

▼**天王社**　山梨県南巨摩郡身延町常葉《ときわ》
【祭神】牛頭天王　素盞嗚命

▼**津島神社**　岐阜県不破郡垂井町大石
【祭神】牛頭天王　（合祀）倉稲魂大神

▼**八握《やつか》神社**　静岡県浜松市天竜区長沢
【祭神】建速須佐之男命　牛頭天王

▼**進雄社《しんゆうしゃ》**　愛知県田原市野田町

【祭神】牛頭天王
▼飛鳥戸《あすかべ》神社　大阪府羽曳野市飛鳥
【祭神】牛頭天皇
▼須賀神社　香川県観音寺市木之郷町
【祭神】牛頭天王
▼赤坂厳《かざ》神社（通称　厳宮《かざのぐう》）熊本県玉名郡南関町豊永
【祭神】伊邪那美神　牛頭天王　稲田姫
▼太平《たいへい》神社（通称　八幡さん）広島県三次市下川立町
【祭神】神倭伊波禮毘古命　祇園牛頭天王　護國の英靈

ちなみに次に挙げる秩父今宮神社では祇園も牛頭天王も痕跡はないものの、明治時代の資料に「天文の疫病を退散のため勧請」とある。天文期には、むろんまだ感神院祇園社という名称で、祭神も牛頭天王であって、素戔嗚尊にはなっていないのであるから、明治の記録は正しくは「牛頭天王を勧請」であるだろう。祭神の一である八大竜王大神とは、古代インドでは蛇神であるので、あるいはヤマタノオロチを習合させたものであるのかもしれない。

▼秩父《ちちぶ》今宮《いまみや》神社（八大龍王宮）埼玉県秩父市中町
【祭神】伊弉諾尊　伊弉冉尊　（配祀）素盞嗚尊　八大竜王大神　（合祀）菅原道眞　火之迦具土神　大宮賣神　高御産日神　神産日神　生産日神　足産日神　事代主神　玉濵産日神　御食津神　氏子の祖靈

「天文三年（西暦一五三四年）の秋に、我が国では疫病が大流行。特に秩父地方は甚大な災難に見舞われました。そこで、秩父の人々は、京の今宮社より、疫病退散の強い力をお持ちの素佐之盞尊を勧請して当地にお祀りしたところ、大神さまのお働きにより、疫疾をすっかり消し去ることができたのです。（明治二八年「今宮神社取調書」より）」（＊神名表記は各社の登録に準ず）

なお全国の祇園社は、そのほとんどが明治になると同時に神社への変更と、祭神そのものの変更を迫られたが、それでも寺院として祇園信仰を守ったものも少数残っている。あの廃仏毀釈の嵐の中で、よくぞ守り切ったものだと思う。現在寺院を管理している宗派は祇園信仰と直接関係がないので、おそらく元々のものではないと思われるが、牛頭天王が温存されたのはひとえに周辺の信徒たちの助力であるだろう。あらためて敬意を表したい。

▼**医王山薬寿院**《いおうざんやくじゆいん》　**八王寺**《はちおうじ》／天台宗（通称　竹寺《たけでら》）埼玉県飯能市南
本尊　牛頭天王

▼**牛頭山　妙法寺**／日蓮宗　神奈川県横浜市磯子区杉田
奥の院本尊　牛頭天王

蘇民将来《そみんしょうらい》

京都の八坂神社では、祇園祭の際に「蘇民将来之子孫也」と記された厄除《やくよけ》の粽《ちまき》を授与している。また、同社摂社の疫《えき》神社では七月晦日に鳥居に大茅輪《おおちのわ》を設け、参拝者はこれをくぐることによって厄を祓い、「蘇民将来之子孫也」と記された護符が授与される。

護符は、牛頭天王（素戔嗚尊）あるいは蘇民将来を祀る全国の特定社寺でも授与されており、紙の筒状になったものや小型の茅の輪、木製札など様々なものがあるが、いずれも表面に「蘇民将来子孫之門」といった文字や晴明紋が記されている。守護札として各家々の鴨居や玄関に飾られる。

▼疫《えき》神社（八坂神社境内社）京都府京都市東山区祇園町北側
【祭神】蘇民將來

▼疫神社（八幡神社境内社）京都府南丹市園部町内林東畑
【祭神】蘇民將來

▼水屋《みずや》神社 三重県松阪市飯高町大字赤桶《あこう》

蘇民将来の木札と茅の輪を組み合わせた護符（著者の自宅玄関扉）

【主祭神】天兒屋根命　素戔嗚尊　竜神姫命　櫛稲田姫命　蘇民將來

▼蘇民《そみん》神社 兵庫県神戸市西区神出町田井
【祭神】蘇民將來

▼蘇民神社（篠束《しのづか》神社境内社）愛知県豊川市篠束町西宮
【祭神】蘇民將來

▼蘇民神社（素盞嗚神社境内社）広島県福山市駅家町万能倉
【祭神】蘇民將來

▼**疫神社**（北岡神社／通称　祇園宮《ぎおんぐう》境内社）熊本県熊本市西区春日
【祭神】蘇民之靈
▼**祇園神社**（通称　祇園さん）宮崎県西臼杵郡五ケ瀬町鞍岡
【祭神】素盞嗚大神　伊弉册大神　大己貴大神　奇稲田姫神　五ツ瀬神　蘇民將來　巨丹將來　大年神　足名椎神　手名椎神　稲荷大明神　天満天神

蘇民将来の護符とは、日本各地に古くから伝わる以下のような民間伝承が元になっている。


北海の武塔神《むとうしん》は南海に旅の途次、ある兄弟の住む町にさしかかり、一夜の宿を乞うた。ところが、弟の巨旦《こたん》将来は裕福であるにもかかわらず、ことわった。しかし兄の蘇民将来は貧しいながらも粟のかゆでもてなした。

後に再訪した武塔神は、蘇民の娘に、

「吾《われ》は速須佐雄《すさのお》能神なり。茅の輪を作って門に掛けよ。さすれば疫病を逃れるであろう」と教えた。

弟・巨旦の一族は皆殺しにして滅ぼした。兄・蘇民の子孫は長く栄えた。


毎年六月と十二月の晦日に全国の神社でおこなわれる「茅の輪」くぐりは、この説話にもとづいている。

しかしながら、武塔神も蘇民将来も起源不詳である。縁起や説話の成立よりもはるかに古く、平安時代にはすでに各地で信仰されていたと思われるが、それ以上のことは判明していない。

『釈日本紀』（一二六五年頃成立）には「祇園を行疫神となす武塔天神の御名は世の知る所なり」と

あるが、時代がだいぶ降ってからの証言である。

『祇園牛頭天王御縁起』（年代不詳）には以下の記述がある。

「豊饒国の武答天皇の太子は七歳でその丈七尺五寸、頭に三尺の赤い角があるという姿であった。父は太子に位を譲り、牛頭天皇と名付ける。天皇が狩りをしていると一羽の鳩があらわれ、天皇の后となるべきしゃかつ龍王の三番目の娘、婆利采女のもとへ案内すると言う。眷属をひきつれて龍宮へ向かう途中、天皇は古単という長者に宿所を求めるが、慳貪な古単は許さない。一方貧しい蘇民将来は天皇を歓待し、牛玉という玉を授かる。龍宮で婆利采女と結婚し八人の皇子皇女をもうけた天皇は、帰途再び蘇民の家に宿り、古単の家には災いをなそうとする。古単は相師の占いにより千人の僧に大般若経を講読させるが、中に一人の僧が居眠りしていたために結局天皇の眷属に一族もろとも殺されてしまう。」

（『京都大学附属図書館創立百周年記念公開展示会図録』）

御縁起では「天皇」という言葉が使われているが、これは天王あるいは大王という意味合いの使用であろうと思われる。

『伊呂波字類抄』（十二世紀成立）は、牛頭天王の別名は武塔天神としている。また、牛頭天王の父母は東王父と西王母であり、天竺の九相国に城を構え、眷属神八万四六五四を従えるとしている。『牛頭天王之祭文』（一四八〇年）は右の伝承を総合して作成されたと思われる内容であるが、八王子の名前をすべて挙げており、国名も九相国のみでなく、倶相国、吉祥国、豊饒国などと述べている。小丹長者、古丹長者とも。護符は「柳の木」で作れ、としている。ここでは眷属は九万八〇〇〇。

その他、シナ起源、朝鮮起源などの説もあるが、いずれも定説にはなっていない。いずれにせよ異国神ではなく、発生も伝承も日本固有の民間信仰であろうと現在では考えられている。

祇園祭の祭神は「鬼」なのか？

スサノヲを祭神として祀る神社は全国に一万三〇〇〇余社に上り、アマテラスと拮抗する鎮座数である。明治初頭に発令された神仏判然令をきっかけに、多くの神社でアマテラスやスサノヲに代表される皇祖神または記紀神を祭神とするようになり、直接の由来とは必ずしも直結していないにもかかわらず祭神の変更あるいは合祀がおこなわれた。京都の八坂神社もその代表例で、当社は社名も祭神も変更した。

もともと牛頭天王の実体はスサノヲであるという説もあるが、明治維新までは祭神は牛頭天王であって、スサノヲではない。ただ、牛頭天王は由来不詳ながらも日本独自の神であって、疫神として誕生しているところから、荒ぶる神であるスサノヲと早い時期にすでに習合されていたのではないかと考えられる。あるいは、スサノヲが渡来神であることから（『日本書紀』に明示）、疫病の渡来と結びつけられたものかもしれない。スサノヲは樹木の種子を日本にもたらしたが、同時に疫病も、という考え方であろうか。

牛頭天王は文字通り「牛の頭」であるからツノが生えている。この姿は「鬼」である。文化発生的に鬼が先か牛頭が先かは不明であるが、そもそも鬼は京の都人の恐怖心が産み出したものであることを考えれば、この両者にも深いつながりがありそうだ。なにしろ、スサノヲの前半の経歴は、「鬼」というにふさわしいものである。高天原で彼が犯した天津罪は最大級の犯罪であるということになっているのだ。

ということは、地上に降りてからは、改心して「神」になったということか。

それならば「鬼」は「神」になる、という暗示となる。そして京都・八坂神社には鬼が祀られているということになり、祇園祭は「鬼の祭り」である。これは「祭り」の原点であろう（拙著『鬼とはなにか』参照）。

閑話休題。本稿執筆中にニュースが飛び込んできた。すでに読者の皆さんもご存じと思うが、「祇園祭の山鉾巡行中止」という歴史的事件である。

「祇園祭の山鉾巡行中止を発表「苦渋の決断だった」」

日本三大祭りの一つ祇園祭の山鉾巡行について、祇園祭山鉾連合会（京都市中京区）と八坂神社（東山区）は20日、同神社で記者会見し7月17日の前祭（さきまつり）と同24日の後祭の山鉾巡行を中止すると発表した。

同連合会によると、組み上がった山や鉾を試し曳きする「曳き初め」は行わない。また山鉾建ては6月上旬まで様子を見て決める。一方で仮に山鉾建てを行ったとしても夕方には山鉾町の全行事を終了するほか、会所への関係者以外を立ち入り禁止とする。厄除けちまきについて同連合会は「祇園祭に関わる一つの文化。なんとか授与していきたい」とした。

また例年、神幸祭（7月17日）と還幸祭（同24日）では神輿渡御が行われるが、実施せず八坂神社境内で神事を行う。神輿渡御の中止は１９４６（昭和21）年以来、74年ぶり。

八坂神社の森壽雄宮司は祇園祭の起源に触れながら「苦渋の決断だった。誠に残念だが、お祭り

はいつの時代も柔軟な考えで継承されてきた。ぜひ柔軟な考えで臨みたい」と話した。（2020年4月20日『京都新聞』より）

祇園祭は疫病退散の祭りであるのに、疫病の流行が原因で祭りを中止にするというのは本末転倒であろう。それというのも、異様な混雑が予想されるからで、博多祇園山笠など全国の主な祇園祭もこれで多くが中止となるだろう。むろんそれとは別に、記事にもあるように神社において神事は厳修されるのだが、こういった祭りはおおやけに実施されてこそ意義があるのであって、秘儀ではないのだから神殿の奥深くで人知れずおこなうのでは意義の半分しか達せられない。そもそもこういった祭祀は神職のものではなく民衆のためのものである。神職は、あくまでも「神と民衆との仲取り持ち」である。

ちなみに、山車は「だし」と読んでいるが、むろんそのような訓読は本来存在しない。漢音であれば「さん・しゃ」、和訓であれば「やま・ぐるま」である。いずれにしても「やま」である。神は山に依り坐《ま》し、山に発す。

そもそも祇園祭の象徴でもある山車《だし》すなわち山鉾は、その屋根に天高く鉾や長刀を突き出している。これは空中を漂う疫鬼を追い立てるための呪具《じゅぐ》である。そして花笠は、松の力によって追い立てた疫鬼を封じるための呪具である。さらに踊りは、地を這う悪霊を踏み鎮める呪法である。疫鬼や悪霊はこうして追い立てられ封じられて八坂神社へと集められ、鎮座する牛頭天王＝素盞嗚尊の強力な霊威によって退散・鎮護が成就されるのである。これが祇園祭というものである。

であればこそ、疫病流行の今がおこなうべき時であって、むしろそのために祇園祭はある。中止となっても、神社本殿内で神職のみによって神事がおこなわれることになるはずだが、それでは前提となるべき「疫鬼や悪霊の追い込み」が欠落している。神事本来の機能である鎮魂が、祈りだけのもので完結してしまうことになる。これでは祇園祭本来の意義は達することができないだろう。残念なことと言わざるを得ない。

何のためにおこなわれ、どんな時におこなわれた祭りなのか、もう一度、根本にかえって理念を考え直したほうがいいのではあるまいか。疫病退散を結果としてことほぐのか、それとも退散を念ずるものか。——おのずから答えは決まっているだろう。結果をことほぐだけでは、それはただの観光イベントと変わらない。感染拡大を忌避してというならば、それは自己否定というものではないだろうか。

祇園曳山の岩戸山（戦前の古写真）

京都の出雲

京都には「出雲」がある。スサノヲが天降りして王となり、妻を娶って宮殿を構えたその地こそは「出雲」であるが、その「出雲」という地名は出雲族とともに出雲国へと遷ってきたもので、実はきわめて人為的な名称である。『出雲国風土記』によれば、国引きをおこなった八束水臣津野命《やつかみずおみつののみこと》が「八雲立つ」と形容したことに由来して、「八雲立つ出雲」という一種の美称が生まれたとされているが、むろんそれは美称とするための〝美しい逸話〟であって、創作されたものである。そもそもこの由来譚自体が風土記のみに収載されていて、記・紀いずれにも見当たらない。

拙著『オオクニヌシ』で詳述したが、出雲は元は「伊豆毛」と表記したもので、元々は三輪こそが伊豆毛族の故地であったが、その後三輪の地を追われて数カ所に分かれて収容されることとなる。そして斉明天皇の時（六五五～六六一年）に、それらはいずれも「出雲郷」という呼び名で設定された。『和名類聚抄』（九三五年頃成立）には「以都毛郷有上下」（いづも郷に上下あり）とあるので、本来は「いづも」と言ったものであったが、その後「出雲郷」とされた。吉字による当て字である。島根県にも出雲郷という地名があって、こちらは「あだかえ」と読む。当地には阿太加夜《あだかや》神社が鎮座するところから、これに因んだという説もある。

▼**阿太加夜神社**（通称 足高《あしだか》さん） 島根県松江市東出雲町出雲郷《あだかえ》
【祭神】 阿陀加夜奴志多岐喜比賣命《あだかやぬしたききひめのみこと》 國之底立命《くにのそこたちのみこと》 須佐之男命 淤母陀流命《おもだるのみこと》 訶志古泥命《あしこねのみこと》

正倉院文書に当時の収税帳（計帳）が残っており、その記録によれば、山城国愛宕郡《おたぎぐん》出雲郷に居住の出雲族の人々は三〇〇人余である。雲上里と雲下里に居住し、それぞれに上出雲寺と下出雲寺という氏寺があったとされるが、いずれも現存していない。出雲族の関連で、今もなお現存するのは**出雲《いずも》路幸神社《じさいのかみやしろ》**、**出雲高野神社**、**出雲《いずも》井於神社《いのへのじんじや》**の三つの神社である。このうち、出雲郷に坐す**出雲《いずも》井於神社《いのへのじんじや》**のみがスサノヲを祭神としている。

▼**出雲路幸神社《いずもじさいのかみやしろ》**　京都府京都市上京区幸神町
【祭神】猿田彦神　（相殿）天之御中主日御神　可美葦牙彦舅尊　天照皇太神　皇孫瓊々杵尊
天鈿女命　大国主尊　少彦名太神　事代主命

当社は寺町通の南端、御所の鬼門（北東）にあるが、元々は賀茂川畔（青竜町）に鎮座していた。「さい」という社名は「境」を意味する「塞」が本来の表記であろう。元の鎮座地は洛中洛外の「境」にあって、使臣等の入京に際しては、祓いの神事をおこなったと『延喜式』にある。古くは国境においては、道祖神を祀って「塞の神」と称した。道祖神は様々な形状のものがあって、一般には男女一対の石像が知られているが、元々は自然石をそのまま据え置いた一種の目印である。これが縄文由来の石神信仰となる。出雲路幸神社境内にも、陽石が祀られている。石神信仰となれば、これはヤマト文化ではない。その以前からの出雲族の文化であろう。当社の創建年代は不詳であるとはいうものの、出雲族の移住とともに創建されたことは間違いないだろう。

ただその後、出雲族の衰勢にともなって、出雲寺ともども消滅。天武天皇の御代に再興され、桓武天皇の御代には、平安京の鬼門守護の一社としてあらためて営まれている。

宮都の東北隅に「塞の神」を祀るという呪術は、平城京に始まるものと思われるが、その後全国の都城に広まり、平安京においては二重三重に鬼門守護の呪術として実施されている。賀茂社や比叡山なども、その装置の一環である。

同名の神社が、出雲（島根県安来）にも鎮座するところから、この地が古くから出雲族との深いつながりがあると確認できる。

▼**出雲路幸神社**《いずもじさいじんじゃ》　島根県安来市西松井町

【祭神】　猿田彦命　天鈿女命

出雲の安来は、東から出雲入りする際の、いわば入り口である。したがって、こちらも国境の守護神に起源するものであるだろう。またいずれも祭神は猿田彦命であるのは、天孫降臨神話において、猿田彦命が道案内を務めたことに由来するだろうが、同時に、天孫を迎えるべく地上の入り口で待機していたとの設定から、この神が国津神・地祇であり、その異相からも出雲族の血統的特徴を具備していたと強調する意図であろう。サルタヒコはスサノヲとは異なる系統の古き渡来神であるが、それについてはいずれ書く機会があるだろう。

▼**出雲高野神社**（崇道神社境内社）京都府京都市左京区上高野西明寺山（旧・山城国愛宕郡）

【祭神】　玉依姫命

崇道神社境内の当社は、式内・出雲高野神社の論社であるが、元の鎮座地等は不明である。この地も旧・山城国愛宕郡ではあるものの、出雲郷からは外れている。崇道神社は御霊信仰《ごりよう》（怨霊慰霊信仰）で知られるが、同じく御霊信仰の御霊神社境内に元はあって、その後こちらへ遷されたようだ。

▼**出雲井於神社**《いずもいのへのじんじゃ》（賀茂御祖神社境内社《かもみおや》）京都府京都市左京区下鴨泉川町（旧・山城国愛宕郡出雲郷）

【祭神】建速須佐乃男命

【由緒】

「延喜式」に「出雲井於神社」とある神社で『日本書紀』神武天皇二年の条に葛野主殿県主部《かどのとのもりあがたぬしべ》とある氏族が祖神として奉斎した社とされている。この県主部は古代山城北部に蟠踞し、鴨氏と同じ祖先を持ち「神亀三年（七二六）山背国愛宕郡出雲郷雲上、雲下里計帳（正倉院文書）」で知られる氏族である。大宝令（七〇一）以降、山代国葛野郡《かどのぐん》は四つに分割され、鴨川の西方より東山までの地域が愛宕郡《おたぎぐん》となり鴨川の東岸が蓼倉郷《たでくらごう》、西岸が出雲郷となった。「井於《いのへ》」とは、川のほとりのことで、出雲郷の川のほとりに坐す社の意である。

承和二年（八三五）二月二〇日、太政官符によって制定された鴨社領出雲郷の総社であったところから、氏神社、地主社としての信仰が厚く、元永二年（一一一九）二月一日、大火の記録（長秋記、中右記、百練抄等々）に収載の社でもある。通称を比良木《ひらき》神社と呼ばれているのは、本宮の御陰祭（御生神事《みあれ》）が行われていた犬柴社と愛宕郡栗田郷藪里総社 柊《ひいらぎ》社がいずれも同神であったところからこの社に合祀されたので、その名がある。また、社の周辺に植える木はことごとく柊になるとの伝承があり「何でも柊」と呼ばれ、京の七不思議に数えられている。

つまり、葛野主殿県主部《かどのとのもりあがたぬしべ》という氏族とは出雲族であり、彼らは当社を出雲族の祖神として奉斎したと「由緒」は記している。そして「出雲郷の総社」であるとも記している。その祭神こそはスサノヲである。

出雲郷は山城国以外にも、島根の簸川郡《ひかわぐん》（現・出雲市）、八束郡《やつかぐん》（現・松江市）にも設けられた。そしてそれらは「あだかえ」と訓読する。地名の由来とされている阿太加夜《あだかや》神社の祭神・阿陀加夜奴志多岐喜比賣命《あだかやぬしたききひめのみこと》（阿太加夜努志多岐吉比売命、阿陀加夜怒志多伎吉比賣命）という神名は記紀にはなく、風土記のみに記載されていて、「大己貴命の子」とある。『古史伝』には「下光比売命《したてるひめのみこと》の一名か」と記されているが、事績等まったく不詳である。ちなみにこの神を祭神とする神社は四社あり、すべて島根県である。通称の「足高」は、「あだかや」が訛ったものとされるのだが、「アダカヤ→アシダカ」の変換は少々無理筋ではないだろうか。

ここは素直に、「足が高い」という身体的特徴による形容と解釈したほうが一連の解釈につながるのではないだろうか。すなわち、「長髄彦」の「長い脛」という身体的特徴と通ずるものである。ナガスネヒコの妹のミカシキヤヒメ（『日本書紀』では三炊屋媛、鳥見屋媛、長髄媛、『古事記』では登美夜毘売）は、ナガスネヒメともいう。つまり、長い足の女性である。ニギハヤヒの妻となる女性であるが、彼女こそはアダカヤヌシタキキヒメその人ではなかったかと、私は想像している。出雲族との深い関わりがあって、オオナムチとの血縁が伝えられるところも手伝っている。

ところで「あだかえ」の語源について、「出雲」という漢字を用いるいわれがまったく見出せないところから、「仇《あだ》」からの由来があるのではないかとの説がある。つまり「仇ヶ谷」である。京都の出雲郷は賀茂川沿いにあって、しばしば洪水被害に遭っていたようだ。つまり「谷間」であったのだ。もしも阿太加夜神社、阿陀加夜奴志多岐喜比賣命の「阿陀加夜」が「仇」に由来するものであるならば、「あだかえ」の由来もそうであるかもしれない。また、出雲族の望郷の念に「怨念」がこもっているとするならば、それもあるかもしれない。

ちなみに、上出雲寺は最盛期、三重塔を二基抱える薬師寺式の大伽藍であったが、時代が下ると荒廃し、いまやその痕跡さえ見出すのが困難である。そしてそれは寺を支える出雲族の衰亡を示すものであるだろう。しかし境内にあった御霊堂のみは、御霊信仰によって異様な発展を遂げ、御霊神社となって現在に至っている。まるで、出雲族の怨念＝御霊がここに凝縮したかのようだ。

山城（京都）の出雲族は歴史の中に消え去ってしまったが、出雲（島根）に流された出雲族の本流は、その後現在に至るまで、オオクニヌシの神霊とともに連綿と続いているのだ。しかし、その彼らから注がれ続ける呪詛の視線は、もはやヤマトには届かないだろう。なにしろ最果ての出雲の神は、縁結びの福神に化けてしまったのだから。

スサノヲ自身は「蓬萊山」を目指して（実はこれこそが本来の目的）、ふたたび船団を率いて東へ向かった。須我の地には一部を残したが、残った一族は「素鵞《そが》」と名乗った。出雲大社の真後ろに鎮座する「素鵞社《そがのやしろ》」こそは当該一族の氏神である。

スサノヲは、いわゆる「出雲神話」の主役である。ヤマタノオロチ退治は、日本神話全編を通じて最大のクライマックスと言ってもよいだろう。ところが、その神話の位置付けには基本的な問題が存在している。『出雲国風土記』は、出雲地方についての最も古い記録であって、歴史的にも貴重な文献だが、ここに、いわゆる「出雲神話」は収録されていないのだ。出雲の手による、出雲自身の最も古い記録であるにもかかわらず、そこに「出雲神話」はほとんど見ることができない。ということは、「出雲神話」は、出雲地方とは無関係の神話ということになるのではないか。少なくとも、出雲は「出雲神話」を認めていないのだ。

それでは出雲神話は、ヤマトが独自に創った神話なのか。そうでもなければ『出雲国風土記』に収録されていないことの説明がつかないだろう。そして出雲のあずかり知らぬところで、ヤマタノオロチは誕生したということになる。

しかしヤマタノオロチこそは元々の出雲の主であって、スサノヲに平定の役割を与えたのは、天孫の手を汚さずにそれを成し遂げたかったからに他ならないだろう。スサノヲが渡来の神であることへの、これがヤマト政権の意思表示である。ヤマタノオロチを巡る「出雲神話」は架空の創作ではないはずである。ヤマタノオロチという怪物に何を体現させたかは別として。「出雲神話」の「出雲」という言葉に私たちは幻惑されている。現に『出雲国風土記』に収載されていない神話であるならば、他の神話である可能性を考えなければならない。

そしてなぜ「出雲」がスサノヲの降臨地なのか。第3章「出雲篇」において、キーワードとなっている「出雲」を解き明かすことにしよう。

第3章【出雲篇】

ヤマタノオロチを退治したスサノヲ……英雄か梟雄か

禊《みそぎ》から始まる出雲神話

『古事記』神代巻はその大半を「出雲の神話」が占めている。スサノヲが出雲に降り立って、ヤマタノオロチを退治して、オオクニヌシが国譲りするまで、延々と出雲を舞台に物語が展開する。さながら「出雲記」のようだ。

この一連の「出雲神話」は、『日本書紀』では、ほんの一部分が収載されるのみである（一地方の話であるから比率的にも当然だが）。

さらに『出雲国風土記』にはまったく収載されていない。中央政府の命により出雲国造が編纂した同書に登場する神話は「国引き」のみである。しかもこれをおこなうのは八束水臣津野命《やつかみずおみつぬのみこと》であって、スサノヲはまったく登場しない。これが出雲みずからの認識なのだ。

しかもこの国引き神話は記・紀のいずれにもまったく登場しない。このように、風土記と記紀は、出雲の神話に関してはまったく相容れないのである。

この事実から当然の如く導き出されることは、いわゆる出雲神話は出雲の神話ではない、ということであるだろう。なにしろ当の出雲が認知せず、国書（国家選定の歴史書）正史『日本書紀』さえも部分的な認知にとどまっているからだ。すなわち、私たちが承知している出雲国ではない出雲国、現在の島根県ではない他の地域の神話であろうと結論せざるをえないだろう。

ただ間違いないのは、『古事記』は出雲のために書かれたものであるということである。そこに書かれた出雲がどこの出雲なのかはともかくとして。

さらに付け加えるなら、『古事記』そのものがイヅモ人（出雲族）によって書かれたとさえ考えられる。なにしろ、ここまで出雲のことばかり書き記す理由は、他の国の人々、他の氏族にはないだろうと思われるからだ。そしてそれは、ヤマト朝廷にも、ないだろう。ヤマト朝廷は、みずからの意志で正史『日本書紀』を著しているからだ。

『日本書紀』は、ヤマト朝廷が、ヤマトのために書いた。

『出雲国風土記』は、出雲国造が、出雲族のために書いた。

ここまでは間違いない。

では『古事記』はというと、誰かが、誰かのために書いた。そして、それをあたかも出雲族のものであるかのように装った。『日本書紀』も『出雲国風土記』も公式の文書であるので疑いようがないが、『古事記』のみは、公文書であるか否か判然しないのだ。

ただ、「国を譲られたヤマト朝廷」「スサノヲとオオクニヌシを幽冥界へ追いやったヤマト朝廷」には、このような神話を書かねばならない理由がないこともない。あるいはそれは「追認」や「黙認」であるのかもしれない。それはすなわち、「鎮魂」「慰霊」としてである。オオクニヌシを象徴とするイヅモに対して、盛大に鎮魂・慰霊しなければならない理由がヤマトにはあったのだ。オオクニヌシが怨霊神となって国家および臣民に祟りなすことを畏れるゆえに、壮大な社殿を建てて手厚く祀り、かつ朗唱するための言霊を紡がねばならない。

その一つが、『出雲国　造　神賀詞《いずものくにのみやつこのかむよごと》』であるが、『古事記』こそはそれに先駆けた、もう一つの「神賀詞」であるかもしれない。『古事記』は、『日本書紀』や風土記とは異なって、朗唱のための言霊であるからだ。もともとは文字として記すことをせず、語り部が、特別の機会に朗唱して、限られた者だけがその音律音韻を全身全霊で受け止めたものであるだろう。『古事記』とは、本来そういうものである。本質的には祝詞《のりと》と同じ意味合いのものだろう。『古事記』は本来、黙読するものではなくて、音読朗唱するものである。

その『古事記』の最大のポイントは、第1章でも触れたが、アマテラスとスサノヲの対面である。ここから物語は一気に進展する。正確に言うと、物語が進展するための〝起爆剤〟が無理矢理投入されるのだ。——それこそは「宇気比《うけひ》」である。

アマテラスとスサノヲは相対峙して、互いに真意をつかもう、あるいは示そうとする。そのための方法として宇気比なるものをおこなうが、これは一種の占いで、神に祈って成否や吉凶を知ることである。この宇気比にアマテラスが負けてしまい、スサノヲはわがもの顔で高天原に入ることとなる。

スサノヲはこの後、高天原で悪業をはたらくのであるが、その前に、なぜ宇気比でスサノヲが勝って、アマテラスが負けたのか。ここにヤマトの周到な企みがある。もしも宇気比でアマテラスが勝ったなら、スサノヲは暇乞《いとまご》いの挨拶をするのみで、すんなり地上へ向かうことになるはずで、しかしそれでは、「高天原への罪」を明示することができない。この段の目的は、この一点に集約されるのだ。

そしてこれこそは、天下に知らしめるべきヤマト朝廷の第一の政策なのである。以後、ヤマトのまつりごとは、これが根幹となって機能していくこととなる。

この時、高天原でスサノヲが犯した悪業が「**天《あま》つ罪《つみ》**」と呼ばれる。第1章で紹介したように、いずれも農耕生産とりわけ稲を育てることに関するタブーであり、「大祓詞《おおはらえのことば》」において「天つ罪」と呼ばれ、「天《あめ》の益人《ますひと》」すなわち人間の犯してはいけない罪として列挙されている。罪を犯したのはスサノヲであるのに。人間の罪にすり替えて、さらに言えば出雲族の罪にすり替えたのが「大祓詞」である。スサノヲの子孫であるという論理であろう。

このくだりによって、ヤマトはイヅモを断罪しているのだ。農耕生産は弥生人ヤマトにとっては最重要事業であったが、縄文人たる出雲にとっては、なんら重要ではない。

縄文人は水田耕作はほとんどおこなわず、狩猟採集が生活の基本であるからだ。牛馬は、耕作用の家畜ではなく、食用獣肉となる。そういった縄文系の血脈に連なるすべての種族、すなわちまつろわぬ民に対するヤマトの〝宣言〟である。対象者の代表的存在、中心的存在が「イヅモ」なのである。「天つ罪」とは、アマテラスの「生育」の教えにそむくとの意味であろう。つまり、太陽信仰に対する反逆である。スサノヲが追放されて天神の資格を喪失した、奪われたという設定で、地祇すなわち国津神に堕としたのだ。おそらくは先天的な天神ではないにもかかわらず、血統的には天神につながるかのように描いたところに作為があるだろう。彼の子孫や一族を懐柔するためであったのかもしれないし、実際にある程度その効果はあった。

いずれにしても、これらの罪——天津罪——を犯した結果として、スサノヲには罰が与えられた。高天原追放という天罰である。

スサノヲは「出雲神話」の主役である。ヤマタノオロチ退治から始まる一連の神話《ドラマ》は、スサノヲ→オオクニヌシのリレーで語られる。

しかしすでに述べたように、「出雲神話」は『出雲国風土記』には収録されていないし、スサノヲの登場自体がわずかであって、しかもオオクニヌシとの血縁関係は一切記されていない。つまり「出雲神話」そのものが、〝出雲〟のあずかり知らぬことなのだ。すなわち「出雲神話」とは、ヤマト朝廷によって編纂されたもの（あるいは書き起こされたもの）であって、スサノヲに原罪を背負わせたのはヤマトの作為である。

しかも出雲大社の現在の祭神はオオクニヌシである。不思議なことにスサノヲは祀られていない。本来の出雲の王はスサノヲなのに。

しかし既に述べたように、出雲大社はスサノヲが祭神であるべきだと考えた者がかつてもいた。中世から十七世紀までの数百年間、スサノヲが祭神だったことがあるのだ。その後、再びオオクニヌシに代えられているが。

この経緯も、スサノヲの「原罪」と無関係ではないだろう。一時的に祭神となったのも、またあらためて外されたのも、いずれもここに起因するものであるだろう。

スサノヲは、当初の目的である「黄泉の国訪問」を、結局おこなうことはなかった。父イザナギに反抗して、追放される原因にまでなったというのに。〝創られた神話〟の中で、ついにスサノヲが黄泉の国へ行くことをしなかったのは、「太陽信仰の勝利」を謳うものなのだろうか。

イザナギがスサノヲに対して激怒し勘当したのは、亡母への恋慕に対してではないだろう。このような自然の情に対して罰を与えたのでは、何者の支持も得られない。イザナギが禁忌としたのは、スサノヲが行こうとしている「場所」に対してであろう。

それは何処《どこ》か。イザナギに勘当されてもなおスサノヲが行きたがっていたのは、どこなのか。「黄泉の国」という呼称で括られ封印された「死の国」とは、どこなのだろう。イザナミはどこに眠っているのだろう。——その入り口が、出雲にあるとされている。

「天つ罪」はしきたりを犯す社会的犯罪であり、古代人の日常的罪観念は「国つ罪」に顕著に表れている。ただし、国津罪は、出雲との直接の関係はないだろう。「大祓詞《おおはらえのことば》」で連続して奏上されるために、あたかもスサノヲが犯した罪の一環であるかのような印象を抱かせるが、それは濡れ衣である。「大祓詞」にそのような意図が隠されているか否かは留保するが、無関係であろうことは指摘しておきたい。これら国津罪を罪悪と捉えていたのはイヅモ人ではなくヤマト人であるだろう。文明文化が進展すると、このような罪も犯すようになるのが人間という生き物の宿命であることを考えると、もしかするとこれらの罪科はヤマト人の自戒であるのかもしれない。

さて、「天つ罪」のことごとくを犯すスサノヲの乱暴にたまらず、アマテラスは天の石屋戸にこもってしまった。高天原をつかさどる日の神が消えたため、あたりは真っ暗となり、不吉なことばかりが起きたという。

そこで八百万の神々は、アマテラスに石屋戸から出てくれるよう、祭りをはじめることにした。この時の祭りの様式が、今日全国の各神社でおこなわれるものの原型であるとされる。

すなわち、

常世《とこよ》の長鳴鳥《ながなきどり》という鳥を鳴かせ（今日では警蹕《けいひつ》といって、神職の一人が「お」の音で低音から高音へと一息に発声する）、

榊の枝に、一つは勾玉《まがたま》を付け、一つは鏡を付け、一つには木綿《ゆう》（今日では紙）と麻とを付け、そして「おそなえもの」をそなえて、祝詞《のりと》を奏上し、

天宇受売命《あめのうづめのみこと》が舞を踊った。

八百万の神々の真ん中の桶の上で、乳房も陰部もあらわにして踊る宇受売《うづめ》の姿に、一斉に爆笑の渦が起こった。

この外の騒ぎをいぶかしんだアマテラスが、そっと石戸を開けて覗くと目の前に明るく光り輝く女神がいる。これは実は鏡に映った自分自身であったのだが、ひどく意外に思ってもっとよく見ようと身を乗り出したとたん、手力男神《たぢからおのかみ》にその手をつかまれて、天の石屋戸から引き出されてしまった。

そして再び石屋戸に戻られないよう、入口に注連縄《しめ》を張ってしまう（注連縄の意味は封印である。ここに記されるようにアマテラスでさえその封印を破ることができない。つまり、神の出入りができなくなる呪術が注連縄であるということになる）。

スサノヲは二度目の追放を受けて、ついに出雲の国へと降りていく。

ここから先は、地上の出雲神話と呼ばれ、それまでの高天原神話と区別される。

出雲へ降《くだ》って変身するスサノヲ

高天原を追放されたスサノヲは、出雲国の斐伊《ひい》川の鳥髪というところに降臨する。

するとそこへ箸が流れてきたので、人が暮らしていると判断して上流へ向かうと、老夫婦が娘を間

に泣いていた。夫婦の名は足名椎《あしなづち》と手名椎《てなづち》、娘の名は櫛名田比売《くしなだひめ》。スサノヲが泣いている訳を問うと、「年に一度、ヤマタノオロチ（八俣遠呂智・八岐大蛇）という怪物がやってきて、娘を食べてしまうのです。八つの頭、八つの尾を持つ巨大な怪物で、私たちには八人の娘がいましたが、もう七人食べられてしまいました。今年もその時期が近づいたので、ただ一人残っている末娘の櫛名田比売も食べられてしまうでしょう」

そう言って泣いている。

そこでスサノヲは、自分は天神アマテラスの弟であり、今降臨したところだと名乗る。そして、自分がヤマタノオロチを退治して、櫛名田比売を妻にしようと言うと、皆敬服した。

スサノヲは櫛名田比売を櫛に変えて、自分のみずらに挿す。そして足名椎と手名椎に、八回醸した強い酒（八塩折之酒《やしおりのさけ》）を用意し、八つの門を作り、それぞれに酒桶を置くよう命じた。

準備万端ととのって待機しているところへ、ヤマタノオロチがやってきた。そして八つの酒桶にそれぞれの首を突っ込んでがぶ飲みする。しかし特別に造られた強い酒であるから、すぐに酔いつぶれてしまう。

ヤマタノオロチの背中には「日陰葛《ひかげかずら》やヒノキや杉が生えており」、大きさは「八つの谷、八つの峰にわたる」と『古事記』にある。こんな生き物がいるはずもないのはもちろんで、これは斐伊川流域をなぞらえたものか。そして八つの部落の八つの部族が共同で支配していたのを比喩表現してのものかもしれない（梅原猛氏は、以前の著書でヤマタノオロチを三輪山としていたが、後年撤回している）。

酔いつぶれたヤマタノオロチをスサノヲは佩刀《はいとう》（自分の剣）十拳剣《とつかのつるぎ》で次々に切り刻んでいく。そして最後に尾を切断しようとした時、何かに当たってスサノヲの佩刀の刃が欠けてしまった。
尾を割いてみると、中からは都牟羽《つむは》の大刀《たち》（渦巻きの刃紋の刀）が現れた。その大刀の上には常に雨雲が巻き起こっていて、そのゆえに大刀は天叢雲剣《あめのむらくものつるぎ》と呼ばれていたということになっている。が、これは渦巻きの刃紋を雨雲になぞらえたものであろう。

スサノヲはその特別な剣をアマテラスに献上した。後に草薙剣《くさなぎのつるぎ》と呼ばれて三種の神器の一つとなる宝剣である。十拳剣の刃が欠けてしまうほどであるから、それは鉄剣であり、欠けた十拳剣は銅剣であったのだろう。

出雲は鉄の産地として古くから発展しており、とくに出雲ならではの「玉鋼《たまはがね》」は日本刀の材料として最良とされている。製鉄技術は、それを加工する技術＝鍛造《たんぞう》技術をも生み出す。つまり、刀鍛冶《かたなかじ》である。天叢雲剣はその部族連合によって祀られていた宝剣・神剣であったのかもしれない。

とすれば、この件《くだり》はスサノヲが製鉄技術をこの地に伝えたとの暗喩かもしれない。出雲という土地が後々まで玉鋼の製鉄に優れていることは広く知られている。しかもそれならば、「ヤマト朝廷公認」ということになるのではないだろうか。以後の歴史を左右する「鉄」とりわけ「鉄製の剣」は、その由来を謎めかす必要があったのだろう。ヤマタノオロチの体内から取り出したのが「出会い」「初物」であるというなら、それが渡来なのか国産なのかわからない。わからないながら、アマテラスに献上されて、「神物」となった以上、詮索は不必要となる。

また以下は私の空想であるが、もしかすると、その刀は隕鉄から鍛造されたものであったのかもしれない。隕鉄とは、地球外から飛んできた隕石に含まれている鉄のことで、古来、わずかであるが、隕鉄から鍛造された刀剣は存在する。これを「流星刀」「流星剣」などと呼んだ。ロシア皇帝アレクサンドル一世、ムガル帝国皇帝のジャハーンギールなども保有していた。日本では榎本武揚が造らせたことが知られている。飛翔する龍のような刃紋が浮き上がるとされている。

ヤマタノオロチを退治したスサノヲは、髪に挿していた櫛を元の姿の櫛名田比売に戻し、ともに暮らす場所を求めて出雲の根之堅洲国《ねのかたすくに》にやってきた。

「ここはすがすがしい場所だ」

とスサノヲが言ったことから、その地は須賀《すが》と名付けられた。現在、須我神社のある場所である。

そしてスサノヲは、

「八雲立つ　出雲八重垣　妻籠に　八重垣作る　その八重垣を」

と詠んで、二人の住まいと決めた。これは日本で最初の和歌とされる。

さて、以上のくだりで重要なことは「スサノヲの変身」である。高天原では追放されるほどの悪役であったにもかかわらず、出雲では突然、庶民の味方の英雄になった。これはいかなる意図によるのだろう。

高天原神話では、ヤマトがイヅモを断罪していることは明らかであるが、そのイヅモの〝建国〟を、追放したスサノヲに担わせることによって、従属関係を明確にしたということになるのだろうか。イヅモ族の宝剣を、アマテラスに献上したとの結末は、それこそを目的として〝変身〟させたと思われてならない。

あるいは悪神が、禊《みそ》ぎ祓《はら》いによって、善神になったとの論理であろうか。とすれば、高天原で髭と爪を切られたのが禊ぎ＝身削ぎであって、宝剣の献上は祓い＝払いの供物との位置付けか。天津罪は、禊ぎ祓いによって浄められるというのは、まさに神道思想の基本である。

出雲への渡来伝承

ところで、スサノヲ降臨神話と驚くほどよく似た記録が古代シナにある。秦使《しんし》の渡海伝説として有名なものだ。およそ二一〇〇年前の歴史書『史記』の一節である。秦の始皇帝の時代について司馬遷が公式に記録した記事の中に記されている。


【書き下し文】

「（秦始皇帝）又、徐福をして海に入りて神異の物を求めしむ。

還りて偽辞を為して曰く、臣、海中の大神を見る。

言いて曰く、汝は西皇の使いか、と。臣答えて曰く、然り、と。

汝、何をか求むる、と。曰く、願わくは延年益寿の薬を請わん、と。

神、曰く、汝が秦王の礼薄し。観るを得れども取るを得ず、と。

即ち臣を従えて、東南のかた蓬萊山に至り、芝成の宮闕を見る。

使者あり、銅色にして龍形、光上りて天を照らす。

是に於いて、臣、再拝して問いて曰く、よろしく何を資としてか以て献ずべき、と。

海神曰く、令名の男子および振女と、百工の事とを以てせば、即ちこれを得ん、と。

秦の皇帝大いに喜び、振男女三千人を遣わし、これに五穀の種と百工とを資して行かしむ。

徐福、平原広沢を得て止まり、王となりて来たらず。」

【訳文】

「（秦の始皇帝は）徐福を海に行かせて神秘のものを探させた。

徐福は帰還すると、こう虚言を述べた。私は海中の大神に会いました。

神は、おまえは西の皇帝の使いか、と尋ねました。私は、そうですと答えました。

おまえは何を求めて来たのか、と尋ねました。私は、不老長寿の薬をいただきたいと答えました。

神は、おまえたちの秦王は貢ぎ物が少ない。だから、観るだけは許すが、持って行くことは許さない、と言われたのです。

そして私を連れて東南の方位にある蓬萊山に行き、霊芝で造られた宮殿を見せられました。

そこには、銅色の龍が使者として守り、その発する光は天を照らしておりました。

そこで私は再度礼拝して、何を献上すればよろしいのでしょうか、と尋ねました。

海神は、良家の男子と童女、およびあらゆる分野の職人とを献上すれば、得ることができるだろう、と答えました。

秦の始皇帝はこれを聞いて大変喜び、男女の童子三千人と、これに五穀の種子、すべての分野の職人を、徐福に託して送り出した。

しかし徐福は、平野と湖を得て彼の地にとどまり、みずから王となって、戻らなかった。」

（＊書き下し文・訳文とも筆者による）

徐福とは、道教・神仙道の方士《ほうし》（方術士《ほうじゅつし》・道士《どうし》）であった。後世日本で陰陽師《おんみょうじ》と称されるものの原型だ。秦の始皇帝が徐福に命じたのは「不老不死の薬」を入手することである。シナの歴史上、初めて全土を統一した始皇帝が最後に求めたのは霊薬による永遠の生命であったのだ。霊薬は、伝説の神仙の国・蓬萊山において入手できるという。しかしそこは、東南海上にあるとされてはいるものの、方士でなければ近づくことさえできない場所である。

そこで始皇帝は徐福に命ずることにした。海神への献上として良家の若い男女三千人と、あらゆる分野の技術者たちと「五穀の種子」とを徐福に預けて送り出した。しかし徐福は、ついに帰ることはなかった。彼の地で平原と湖の地を得て、その王となったという――。


これがいわゆる「徐福伝説」である。この記事が書かれたのは、徐福が旅立って数十年後のことだ。それだけに人々の記憶もまだじゅうぶんに鮮やかなものであったはずで、司馬遷にとってもさながら「同時代史」を記録するような思いであったに違いない。さしずめ、いま私たちが戦前戦後の昭和史を書くようなものだろう。数十年というのは、その程度の期間にすぎない。

それだけに「伝説」とはいうものの、まったくの虚構であるとは思われない。おそらくはこれに近い事実があったからこそ伝承されていたものだろう。まだ生き証人がいてもおかしくない程度の時間しか経過していないのだ。

徐福一行の目的地である蓬萊山は、どこを基点にするかで多少変わるが、方角的には日本の九州から沖縄、台湾などが該当する。

いずれにしても三千人+百工が船旅をするとなれば、これは稀に見る大船団である。しかもすべての船に運航のための乗組員がいる。となれば、総勢四千人は下らないのではないか。紀元前二〇〇年頃の社会状況を考えると、来られたほうは国家体制をゆるがすほどの大人数であるだろう。

ちなみに吉野ヶ里遺跡の居住人口が千人程度とされている。

女王ヒミコが死去したのが二四八年頃であるが、侍女千人が仕えており、その当時には邪馬台国の人口は七千余戸であったと記録されている。つまり国家の総人口が数十万人である。徐福一行が渡来したのはそれより五百年ほど前のことだ。

道教の方士は山岳志向と海浜志向とに大きく分かれるが、徐福が海浜志向であったことは始皇帝との件でじゅうぶんにうかがい知ることができる。

なお、江蘇省の徐阜村が徐福の出身地で、今もなお同族が居住していると一部で報道されたこともあるが、根拠はない。近年の付会《ふかい》であろう。

徐福一行の出航地は、琅琊台《ろうやだい》が有力だ。現在の青島《チンタオ》である。東南東が鹿児島になるが、大船団で海洋に乗り出すのは様々な意味で危険でもあるので、沿岸を進んだと考えられる。そして朝鮮済州島を経由して、出雲地方へ上陸する。このルートは、海流を利用したものだ。

徐福一行の出帆は、紀元前二一九年のことであったと推定されている。始皇帝はこの年、泰山に上って封禅《ほうぜん》の儀式をおこなっている。そして東方の各郡県を巡回し、なかでも琅琊台をいたく気に入り、滞留三月に及び、三万戸を琅琊台の麓に移住させたと伝えられる。琅琊台には現在、始皇帝の石像が立っている。東の海に向かって両手を大きく広げて立つ姿は、さながら徐福の帰還を歓喜をもって出迎えているかのようだ。もちろん徐福一行は、あれから二千年以上経ついまもなお帰還していないのだが――。

一方、日本には古くから、ある人物が一党を引き連れて渡来したという伝説が、北は青森から南は鹿児島まで全国各地にある。青森県北津軽郡、秋田県男鹿市、山梨県富士吉田市、愛知県名古屋市、三重県熊野市、和歌山県新宮市、京都府伊根町、佐賀県佐賀市、宮崎県延岡市、鹿児島県坊津町などその数は三十数カ所に上る。驚くべき数だ。

これらはすべて徐福渡来の伝説と接続されており、もともとすべてが徐福であったのかどうかもわからなくなっている。渡来の人物の屋敷跡や墓所と目される場所などには、それぞれに様々なモニュメントが建てられている。

またスサノヲが最初に降臨したのは曾尸茂梨《そしもり》であったと『日本書紀』にあることと同じように、韓国朝鮮にも徐福渡来の候補地はいくつかある。韓国の研究者は、江原道春川、済州島などを曾尸茂梨に比定した。候補地の一つ、江原道には一九一八年（大正七年）に江原《こうげん》神社が建立された（戦後、撤去）。スサノヲの宮殿跡と目された場所だ。

島根の出雲はもともとスサノヲの王国だった。辺境の地だからこそ、渡来のスサノヲが開拓し、独自の王国を建設したとも考えられる。製鉄文化をもたらしたのも彼によるものかもしれない。

しかしここには蓬萊山はない。

蓬萊山探しは元は他者から与えられた使命であるが、出航して以来すでにみずからの目的となっていた。そこで、徐福に比定されるスサノヲは、息子イソタケルに後事を託し、ふたたび船で東を目指した。そして越《こし》（北陸地方）に上陸し、ここからは陸路で南へ向かった。伝説の蓬萊山・富士山を目指して。（＊──という「異説」「仮説」を日頃の研究の副産物として発想したのだが、これについては次章にて概略し、また拙著『古事記はなぜ富士を記述しなかったのか』でも詳述した。ご関心の向きはそちらも参照されたい。）

オオクニヌシの来歴に潜む謎

スサノヲの出雲下り、八岐の大蛇退治に始まる「出雲神話」の最大の英雄は、その最後に登場するオオクニヌシである。「出雲神話」とは国つ神々の物語であって、天つ神々の物語である「高天原神話」に対するものである。

オオクニヌシは、スサノヲとクシナダヒメ（櫛稲田姫）の六代目の孫にあたり（異説もある）、多くの別名を持つ。

オオクニヌシ　大国主神――最終的な総称・尊称
オオナムチ　大己貴大神・大穴持神・大穴牟遅神・大名持神――ナガスネヒコの神霊
オオモノヌシ　大物主神――長髄彦＝出雲建の神霊
アシハラシコオ　葦原色許男（葦原醜男）――愛称
ヤチホコ　八千矛神――代名詞・尊称
オオクニタマ　大国玉神・大国魂神――最初の総称・尊称
ウツシクニタマ　顕国玉神・宇都志国玉神――美称

＊他にも伊和《いわ》大神《おおかみ》（『播磨国風土記』）、所造天下大神《あめのしたつくらししおおかみ》（『出雲国風土記』）、幽冥主宰大神《かくりごとしろしめすおおかみ》、杵築大神《きづきのおおかみ》など通称や後世の信仰名など多数に上るが、主要なものは右に挙げた七種である（＊八種と数えて、オオクニヌシをヤマタノオロチに擬《なぞら》える説もあるが、これはさすがに無理筋か）。

『古事記』には次のように紹介されている。


スサノヲと櫛名田比売の第一子は、八島士奴美《やしまじぬみ》神。

その八島士奴美と木花知流比売の子は、布波能母遅久奴須奴《ふわのもじくぬすぬ》神。

その布波能母遅久奴須奴と日河比売《ひかわひめ》の子は、深淵之水夜礼花《ふかぶちのみずやれはな》神。

その深淵之水夜礼花と天之都度閇知泥《あめのつどへちね》神の子は、淤美豆奴《おみずぬ》神。

その淤美豆奴と布帝耳《ふてみみ》神の子は、天之冬衣《あめのふゆきぬ》神。

その天之冬衣と刺国若比売《さしくにわかひめ》の子は、大国主神。

大国主神は、またの名は大穴牟遅《おおなむち》神、またの名は葦原色許男《あしはらしこお》神、またの名は八千矛《やちほこ》神、またの名は宇都志国玉《うつしくにたま》神、合わせて五つの名がある。

大宮・氷川神社の神像／オオナムチを中心に七つの名が列挙されている。

すなわち、スサノヲから六世の孫ということになるが、途中の神々のほとんどは名のみで正体不明、来歴の記し方としては特異なものであるだろう。

ちなみに『日本書紀』本文では、大国主神はスサノヲの子となっている。

オオクニヌシ神話は、出雲神話の中心中核である。オオクニヌシのために出雲神話は書かれているといっても過言ではないだろう。登場から隠居に至るまで、多くの示唆に満ちている。スサノヲとの関係も明記されている。以下に概要を示しておこう。

▼「**因幡の白兎伝承**」では、「和邇《わに》」が重要な役割を果たすが、むろん日本にも日本近海にも爬虫類の鰐はいない。これを鮫の言い換えという説が定説であるが、なぜ言い換えたのかという納得のいく説明は聞いたことがない。私は、日本の神話をすべて史実に基づいていると考えているので、恣意的な言い換えや書き換え、あるいは誤字といった説には基本的に与《くみ》しない。ウサギは宇佐岐であり、ワニは和邇であって、ともに部族や氏を示しており、それらが互いに争ったという記録であろうと考えている。

なお、オオクニヌシ神話は、初めオオナムチという名であり、後に様々な別名を得たと記されている。

オオナムチがウサギに治療法をアドバイスしたという話の解釈も、敗残傷身であった宇佐岐を、まさに助けたということであるだろう。その礼に、予言をおこなう。「八十神たちが求婚を競っているヤガミヒメは、他の誰でもなく、オオナムチさま、あなたを選びます」と。

▼「**八十神の迫害伝承**」では、兄神たちの逆恨みにあって、二度殺され、二度とも母の力で蘇生する。一度目は、騙されて真っ赤に焼けた巨岩に潰され、二度目は巨木の裂け目に挟まれて圧死する（噴火による溶岩流と、大地震による地割れの比喩かも）。

母の支援によって二度とも蘇生したものの、三度目の殺害に遭う前に、母の刺国若比売《さしくにわかひめ》はオオクニヌシを遠くへ逃がす。

この話のテーマは、「蘇生」にある。日本神話では蘇生というものはここ以外に出てこない。また、蘇生という呪術は、神道にも仏教にもないものだ。いったい、何が起きたというのだろう。

それにしても二度の殺害は、いずれもリアリティーがない。殺し方も非現実的であるし、殺されたオオナムチはまるで痴呆である。普通に知性があれば、このような殺害方法を選ぶはずもなく、ましてそれに引っかかるはずもない。八十神もオオナムチも、ともに現実離れした行動を採らされている。出雲神話の中で最も幼稚なくだりである。

しかしこの、あからさまな表現手法にあきれているだけでは、実相は見えない。ここにはっきりと見えるのは、八十神たちの嫉妬と憎悪の凄まじさと、オオナムチの神聖性であろう。

おそらく実際に似たような事件があって、オオナムチはそれを経て王となる資格を得たのだろう。もし八十神がオオナムチの兄たちでなく、第三者であったなら、単純に闘争を経て生き残った、あるいはそれらを成敗して勝者となった、となるところであるが、兄弟であるがゆえに醜悪な争いとなる。その最終的な勝者となるには無抵抗が唯一の救いであるだろう。そういう意味では、ここは、はからずもオオナムチの神性を最も高めることになったのかもしれない。

▼「**根の国訪問伝承**」では、兄神たちの襲撃から逃れて、母の指示のもと、スサノヲの支配する根の国（根の堅州国《かたすくに》）へ行く。
根の国で、オオクニヌシはスサノヲの娘のスセリビメ（須勢理毘売命）と出会い、互いに一目惚れとなる。
①蛇の室の試練――スセリビメが父・スサノヲに引き合わせると、スサノヲは「これからは葦原色許《あしはらしこ》

男神《お》（強い男）と名乗れ」と命じて、蛇の室に泊まらせた。スセリビメは「蛇の比礼」をアシハラシコヲにさずけ、蛇が襲ってきたら比礼を三度振るよう教えた。そのおかげで蛇は鎮まり、葦原色許男神は一晩を無事に過ごした。

②呉公《むかで》と蜂の室の試練——次の日の夜、スサノヲはアシハラシコヲを呉公と蜂の室で寝かせた。スセリビメは今度は「呉公と蜂の比礼」を渡した。そのおかげで、アシハラシコヲはこの晩も無事に過ごした。

③鳴鏑《なりかぶら》と野焼きの試練——スサノヲは野原の彼方に鳴鏑矢を打ち放ち、それを取ってくるようアシハラシコヲに命じた。そして彼が野原へ入って行くと、火を放った。

アシハラシコヲが火に囲まれて呆然としていると、そこに鼠が現れ、「内はほらほら、外はすぶすぶ」（穴の内側は広い、穴の入り口はすぼまって狭い）と言った。その場を踏んでみると、地下の穴に落ちて、無事に火を避けることができた。しかも、そこへ、鼠が鳴鏑矢をくわえてきてくれた。

スセリビメは、夫が亡くなったものと思い込み、葬式の準備をしながら泣いていた。しかしスサノヲが野原に出てみると、そこに鳴鏑矢を持ったアシハラシコヲが現れた。

余談であるが、ここにみえる「内はほらほら、外はすぶすぶ」というオノマトペ（擬声語）は、ヤマト言葉を考える上で重要な記録である。『古事記』ではすでにイザナギ・イザナミの国生みで、天と地の間にかけられた天浮橋《あめのうきはし》から天沼矛《あめのぬぼこ》を混沌に差し入れて「こおろ、こおろ」とかきまぜたと記されている。これは、おそらく世界最古のオノマトペであろう。

日本に滞在中の外国人が、胃が痛むので日本の医師に診察してもらったところ、「しくしく痛むのか、それともキリキリ痛むのか」と聞かれて、何のことやらわからなかったという。が、日本人には日頃からお馴染みの表現だ。そして、これこそはヤマト言葉であって、縄文時代から私たちが使う言葉である。オノマトペこそは縄文の血脈であろう。そういう意味では、漫画、劇画、アニメは縄文の血脈に連なるものと言えるかもしれない。

日本人および日本語の本質にオノマトペの存在があることは間違いないだろうが、吉本隆明の指摘（『言語にとって美とはなにか』）のように、「音」から始まったと単純に決めつけても何も判明せず、むしろそれは当然のことであるだろう。そして、「音（韻律）」によって多様な表現、より正確なコミュニケーションを成り立たせていることが原初日本語の重要な点であるだろう。

④虱《しらみ》取りの試練——スサノヲは、焼け野原から戻ったアシハラシコヲを広大な家に招き入れ、今度は自分の頭の虱を取るよう命じた。しかしその頭にいたのはたくさんの呉公《むかで》であった。アシハラシコヲは、スセリビメからもらった椋《むく》の実を嚙み砕き、赤土とともに口に含んで吐き出していると、スサノヲはムカデを嚙み砕いているのだと思って、好ましく思いながら眠りに落ちた。

アシハラシコヲは、スサノヲが眠っている隙に逃げようと決意し、スサノヲの髪を柱に結び、巨大な石で部屋の扉を押さえた。そして妻のスセリビメを背負い、スサノヲの三種の神器である生大刀《いくたち》、生弓矢《いくゆみや》、天《あめ》の沼琴《ぬごと》を持って、走り出した。しかしその時、琴が木にふれて鳴り響き、スサノヲが目を覚ました。スサノヲが柱から髪を解く間にアシハラシコヲは逃走した。

⑤脱出と建国——スサノヲはアシハラシコヲを追いかけたが、葦原中津国（地上）へ通ずる黄泉比良坂で立ち止まり、大声で言った。

「お前が持っている生大刀・生弓矢で、お前の兄弟たちを山坂の裾に追い伏せ、あるいは河の瀬に追い払い、おのれが大国主の神となり、また宇都志国玉《うつしくにたま》の神となって、わが娘スセリビメを妻として宇迦の山（出雲大社の東北にある御埼山《みさきやま》）の麓に立派な宮殿を建てて住め」

アシハラシコヲは出雲へ戻って大国主となり、スサノヲから授かった太刀と弓矢で八十神たちを山坂の裾に追い伏せ、また河の瀬に追い払い、国づくりを始めた。

――これらの根の国伝承は単なるお伽噺に見えるため、これまであまりまともに論じられていない。

しかしこれは、比喩による史実の記録であろう。『古事記』が出雲について多くの場合、比喩の形を採っているのは、編纂責任者がありのままを記すのを許さなかったからではないかと思われる。

出雲神話は、オオクニヌシ＝出雲族を慰霊鎮魂するために、その事績を神話化するという目的で書かれている。

しかし、その神霊のカリスマ化までは許容する訳にはゆかない。もしカリスマ化することになれば、死してふたたびヤマトの脅威となるからだ。

そこで比喩によるリアリティの喪失がはかられることとなった。蛇・呉公・蝨が何の比喩であるのか不明であるが、もしそのままであるなら、これらは大の男の試練になどならないだろう。まるで幼小児向けの童話のようだ。蛇・呉公・蝨は、アシハラシコヲの試練に値するだけの正体が隠されているということであるだろう。スサノヲにいまだ臣従していない蛮族たちか、あるいは海からの侵入者たちか、いずれにせよスサノヲが統治する「根の国」の問題課題であったのではあるまいか。

「国譲り」はなかった

オオクニヌシは、天孫ニニギに「国譲り」した。みずから開拓し経営してきた国を、突然降臨してきたニニギにいとも簡単に譲り渡したのだ。

息子二人はちょっとだけ抵抗するが、オオクニヌシは自分のために「立派な隠居所」を建ててくれることを条件に、完全に譲りわたすと決意する。その隠居所こそは出雲大社（杵築大社）であるという。

オオクニヌシは隠居して、幽世《かくりよ》（あの世）の主宰神となって、現世《うつしよ》（この世）とは関わりのない神となった。これは「死」を意味するものに他ならない。つまり殺害されたか、自害させられたということであるだろう。

それぞれの編纂者視点で言えば、ヤマト朝廷は「国を譲られた」と言っているのだが、別の神（地《くに》祇《つかみ》）から譲られたと言っており、出雲の国造《こくそう》は国譲り自体も認めていないということである。

そこで、私はこんな推理をしている。オオクニヌシはヤマト朝廷によって創り出された神名であり、統合神として地祇《くにつかみ》の象徴とされたものではないか？　オオクニヌシがオオナムチ以下多くの別名を持ち、しかして実体が定まらないのはこの理由によっているのではないか。——特定の固有性はもともとオオクニヌシには存しないのだと考えれば、答えが見えてくるだろう。大和地方（元・出雲）に盤踞していたスサノヲの末裔たちを征討し、合わせて大社に祀り上げることによって、ヤマト政権は成立したのであって、オオクニヌシとは、彼らの集合体としての神名ではないかと。

政権移行のためには多くの血が流されたであろうし、新政権に対する「怨み」も残ったのは間違いない。出雲大社（杵築大社《きつきのおおやしろ》）は、その鎮魂の社なのだ。つまり、オオクニヌシ（あるいは出雲族の首長たち）は鎮魂されなければならないような死に方であったと理解できる。「国譲り」という美名によって糊塗されているが、実態は「服属」であろう。苦労して建国し統治していた国を、やすやすと他者に「譲る」はずがないのだから。つまりこれはヤマト族によって出雲族が「征服」されたという歴史的事件を、「禅譲」という美談に変換翻訳した神話であろう。

　国譲りに際して、アマテラスは交渉の使者として経津主神《ふつぬしのかみ》と建御雷神《たけみかづちのかみ》を、中津国の王である大国主神のもとに派遣した。すると、長男の事代主神《ことしろぬしのかみ》はすぐに同意するのだが、「もう一人意見を聞いてほしい息子がいる」と大国主神は言う。

　ちょうどその時、千人かかっても持ち上げられないような大石（千《ち》引石《びきいわ》）を軽々と持って建御名方《たけみなかたの》神《かみ》がやって来た。そして、「力くらべで決めよう」と言って建御雷神の手をつかんだ。するとその手は氷柱《つらら》と化し、さらに剣刃に変わる。建御名方神はおそれおののき手を引っ込める。すなわちこれも「天神の剣に負けた」のだ。

　今度は建御雷神が建御名方神の手を握り、あたかも葦のように軽々と投げ放ってしまう。建御名方神はあわてて逃げ去り、科野国《しなののくに》の洲《す》羽海《わのうみ》に追いつめられ殺されそうになって言う。「殺さないでくれ。ここより他へは行かず、父と兄の言葉に従い、この国は天照大神の仰せの通り献上する」こうして建御名方神は諏訪に鎮座したのだという。

　この物語は、『古事記』のみに書かれていて、『日本書紀』にも、『出雲国風土記』にさえもまったく書かれていない。タケミナカタ神を祀る諏訪大社は諏訪湖を挟んで北側に秋宮《あきみや》と春宮《はるみや》の下社《しもしゃ》二社があり、南側に本宮《ほんみや》と前宮《まえみや》の上社《かみしゃ》二社がある。これらの四社を合わせた総称が諏訪大社だ。六年ごとに寅年と申年におこなわれる奇祭「御柱祭《おんばしらさい》」は、全国的に知られる勇壮な祭りである。その時、各社それぞれ四隅に立てられる樅《もみ》の大木は、六年後の次の回まで静かに佇む。古式が素朴な形のまま受け継がれた珍しい例である。四本の柱で囲まれたエリアを最も神聖な場所とする思想は神社の原型であり、拝殿しかなく、本殿がないというのも古い形である。

御神体は下社秋宮がイチイの木、春宮がスギの木、上社前宮が磐座《いわくら》（巨岩）、本宮が神奈備（神体山）である。樹木、岩、山といった自然物の中で特に際立ったものを神の依り代として崇拝するのは最も原初の神道信仰の姿である。

出雲大社本殿

また、依り代を囲うように四本の自然木を立てて聖域と為す方法も神社建築の原型で、地鎮祭などの際に忌竹《いみだけ》と称する青竹を四本立てて注連縄《しめなわ》を張り巡らせ、その中で祭祀をおこなうのも同じことで、仮設の神社を表すものだ。

川や滝や湖は格好の神の依り代で、どこでも崇敬の対象になっている。上社と下社は諏訪湖を挟んで南北にあるわけで、諏訪湖と密接な関係にあることは明白だ。右のように『古事記』に「科野国《しなののくに》の洲羽海《すわのうみ》」まで逃げてきたと記されているように、「地の果て」というほどの意味であろう。オオクニヌシが造り上げた国の「最果て」である。

四つの社はそれぞれ東西南北を向いている。これは対外的に守り神の役割として解釈できなくもない。ただ、その中で本宮が北向きなのは、怨霊神の封印という解釈もできる。すなわち「御霊信仰《ごりょう》」である。祟りなす神を手厚く祀ることで、強力な守護神とする信仰である。

前宮、秋宮、春宮と合わせて四つもの社で諏訪湖を取り囲んでいるが、このありようは、あまりにも大きな恐怖があって、それに対する最大限の封じ込め呪術と見える。

それでは、「封印された諏訪湖」は、いったい何を意味するのか？　かつて、とてつもない地震があった。その痕跡が、フォッサマグナであり、その真ん中に誕生したのが諏訪湖なのだ。


日本の古代上代史は歴史学の対象ではなくて、考古学や宗教学の対象だと言われる。それは、研究対象となる「文献」が存在しないからである。なので、日本の歴史について多少造詣のある人でも、スサノヲとオオクニヌシの矛盾には気付かないかもしれない。というのも、スサノヲは天神《てんじん》（天つ神）で、オオクニヌシは地祇《ちぎ》（国つ神）である。だから本当は征服者と被征服者という関係になるはずで、論理的には対立関係でなければおかしい。

ところが『古事記』ではむりやり血筋をつなげている。だからオオクニヌシがスサノヲの娘を妻にするというような齟齬が生じている。スサノヲからすれば、六代後の孫が娘を口説きに来たということになるのだが。もっともあまりにもあからさまな齟齬が見えるから、もしかすると意図的だと思わせるのが目的かもしれないが。

いずれにせよ、オオクニヌシに体現させる地祇＝被征服者たちについては『古事記』にたっぷりと描かれている。『古事記』は、そのために編纂されたのだと考えるのは、ごく自然の成り行きであろう。だから、系譜を故意にスサノヲから連結したのも意図的だと考えれば、むしろわかりやすいかもしれない。そう、これもまた、鎮魂・慰霊の一つなのかもしれないのだ。つまり、征討してしまったが、天神の血縁に列してやったので、慰めになるだろう？　ということであろうか。

そう考えられるほどに、国譲りの経緯が比喩によって置き換えられながらも詳細に描かれている。ヤマト政権の征討の歴史と対をなすほどに具体的に。国譲りの経過を記し末永く伝えることによって、天孫・天神という征服者に統治権を渡さざるを得なかった地祇の王を慰霊しようというものだろうか。


実は『古事記』はオオクニヌシ、およびコトシロヌシ、タケミナカタの「鎮魂の書」という説は、わりと古くからある。なにしろ、普通に考えれば、征服された国の王は死ぬ（殺される）宿命である。『古事記』においては実に約半分がその王と王族についての様々な逸話や伝承に費やされており、だからこそそこには明確な意図があると思って不思議はないだろう。しかも、『日本書紀』にも『出雲国風土記』にも、これに関する記載はまったくないのだから。


八世紀という時代は、文献的には最古の時代であって、この時代に『古事記』『日本書紀』、風土記が公式に編纂された。同時代の三大史書であって、しかもこれより以前にわが国には史書は存在しない。

とすれば、この三書は同時代に存在してしかるべき意義が当然あるはずで、それは役割分担とも考えられる。たった三種しかない公的文書が競合も重複もするはずがなく、むしろそれぞれに異なる役割を担っていると考えることができるだろう。

風土記は地域単位の記録としてはっきりしている。

ところが『古事記』と『日本書紀』はともに天武天皇の指示で編纂され、ともに国書＝歴史書とされている。

『日本書紀』は明らかに歴代天皇の事跡を中心とした編年体の公式記録である。

これに対して『古事記』は、神話の部分が大半で、しかもそのほとんどを地祇の物語に費やしている。つまり『古事記』の主要な目的はここにあったということになる。『日本書紀』は政治のための歴史書であるが、『古事記』は祭祀のための宗教書であるのだろう。

オオクニヌシを讃えていない出雲神話

ここであらためて問うが、出雲神話をいくら読んでも、オオクニヌシの〝偉業〟が読み取れないのはどうしたことだろう。

ここに書かれているのは、ウサギを助けた話と、兄神たちから繰り返し殺される話と、スサノヲにいじめられる話である。

そして母に助けられ、妻に助けられ、ネズミに助けられる話だ。

いったい、これらのどこが英雄なのか。

強いて言えば、ウサギに治療法を教えたことだけではないか。しかしはっきり言って、この程度のことなら、なにもオオクニヌシでなくとも誰でもできる。

『古事記』が讃えているのは「具体性のない偉大さ」である。

なにしろ闘うシーンがまったくない。勇敢勇猛な描写も形容もまったくない。頭脳明晰な対応もない。つまりオオクニヌシの何が優れているのかということについて、具体的には何も書かれていないのだ（『日本書紀』にはいくつか書かれているが）。それなのに抽象的観念的に偉大だとしている。情けないような逸話ばかり書いておきながら、「偉大だ。信じろ」というのだ。

そして最後にいきなり「国譲り」である。

国をそっくりそのまま寄越せとムチャな要求なのに、本人は何の抵抗もしないで、唯一抵抗したのは次男のタケミナカタのみ。しかしタケミナカタは地の果て諏訪へ追いやられて国譲り交渉はこれにて終了。唯一の交換条件は「立派な隠居所をつくれ」であった。


『古事記』は、何よりもまずオオクニヌシの国家建設の逸話を書くべきではないのか。たとえば各地の蛮族を次々に従えたり、豊かな国作りのための国土開発や治水灌漑を各地でおこなったり、都城を建設したり、大規模な国家祭祀を営んだり、記さなければならないことはいくらでもあるだろう。

いったい、この出雲神話は何なのか。「徳」の強調か。それにしては回りくどいように思われるが――。


これが実は「スサノヲ神話」であるというなら、わからなくもない。オオクニヌシも、スサノヲの引き立て役であるというなら、このストーリーでわからなくもない。

梅原猛氏は『神々の流竄』で、藤原不比等こそを真犯人（つまり作者）に充てている。不比等は本名「史《ふひと》」であって、まさに史書をつくる者の名であると指摘する。『古事記』は、その不比等が編纂責任者であるが、これは正規の歴史書ではなく、元明天皇に聞かせるためだけの、いわば「私家版」である。これを暗唱する語り部の稗田阿礼《ひえだのあれ》は、不比等その人であると断じている。たいへん興味深い説である。

私は『神々の流竄』および著者の梅原猛氏を高く評価する者であって、この本からも多くの影響を受けた。とりわけ、出雲神話の本当の舞台は大和地方であるとの解析は、私の出雲論の出発点にもなっている。つまり当書は、私の古代史研究のきっかけを与えてくれた重要な書であり、またそれを著した梅原氏にはひとかたならぬ恩義を感じている。

ただ、この一点に関しては、当初抱いた疑念が今に至るまで解消されないままであった。

このような特殊な編纂方針である『古事記』は、いったい誰が書いたのか。ミステリー小説の解き方と一緒なのだが、『古事記』の出雲神話が書かれたことで、最も利益を得た者、あるいは相当な利益を得た者、それが真犯人つまり作者である。

ならば、不比等ではあるまい。少なくとも、『古事記』神話篇によって藤原氏が特別な利益を得るとは思われない。とりわけその大部分を占める出雲神話は、藤原氏の氏神である春日神（武甕槌《たけみかづち》命―経津主《ふつぬし》命―天児屋根《あめのこやね》命―比売《ひめ》神）について、わずかにふれるのみである。

それに比べて、圧倒的な存在感はスサノヲである。『古事記』の神話篇を通じて（むろん出雲神話においても）主役はスサノヲであろう。終盤においてはオオクニヌシに試練を与えるばかりで、さながらイジメのようであるが、最終的には逃げ去るオオクニヌシに評価と保証の言霊を発している。

オオクニヌシに評価ポイントがあるとするなら、生太刀・生弓矢・天の沼琴という三種の神器を得たことだろう。その活用によって、オオクニヌシの命運は一気に切り拓かれることとなるからだ。

これら三種の神器は、妻にそそのかされて、義父スサノヲのもとから勝手に持ち出したものであるが、見送るスサノヲからその使用法を伝授され、結果的にスサノヲの支援を受けたことになった。つまり、オオクニヌシの建国は、スサノヲあってこそのものである。

スサノヲは、高天原では粗暴な振る舞いのために罰せられ追放されたが、地上に降臨してからはヤマタノオロチを退治し、国土を開拓し、若き後進すなわち娘婿に後事を託すという、壮大な建国ドラマを演じている。まさしく英雄譚の主役である。

そしてスサノヲこそは、蘇我氏の祖神であると、本書ではすでに指摘した。

つまり、『古事記』は、蘇我氏のために書かれたものではないのだろうか。おそらく原本は蘇我氏みずからによって書かれたものだろう（正確には、文字として書かれたのではなく、朗唱するための文章が作成されたのであろう）。

『日本書紀』には「一書に曰く」として異説を録する参考文献が数多く登場するが、『古事記』もその「一書」の一つであり、いくつかの「家伝」の一つであったのではないだろうか。つまり、『古事記』は、蘇我氏の「家伝」である。中臣＝藤原のものではない。

注目に値するのはオオクニヌシの母である。二度までもオオクニヌシを蘇生させている。一度目は神産巣日神《かみむすひ》を頼るが、二度目は、なんと自力で蘇生させている。言うまでもないが、死者を蘇生させるのは医療ではない。ウサギの皮膚の外科治療とはわけが違う。

これは呪術である。

しかし、神道にも仏教にも死者を蘇生させる呪術はない。きわめて異質な文化だ。古代上代日本といささかでもつながりのある文化で蘇生の呪術はどこかにないのかと見渡してみると、一つだけあることに気づかされる。古代道教の方術「尸解仙《しかいせん》」である。

ということは、オオクニヌシの母は、方術を心得ていたということになるだろう。そしておそらく、母は息子であるオオクニヌシにも方術呪術を教えたのではないだろうか。そう考えると得心できる。

オオクニヌシは武術等に長けた男ではなかったが、呪術や祭祀を本領とする巫《かんなぎ》体質だったのではないか。出雲神話において、オオクニヌシに勇猛な逸話がまったくないのは、ここに起因するのではないか。また、だからこそ、闘わずして、勝利するという逸話に充ち満ちているのではないか。

高天原から派遣された特使が二人までもオオクニヌシに取り込まれてしまうのは、人徳のなせるものではなく、宗教的教化による帰依であろう。そして、古代出雲は、武力ではなく、信仰による宗教国家であったのだろう。

そして不比等は、それについての「宗教的記述」をすべて削除させたのではないだろうか。なぜならば、異教であるからだ。オオクニヌシ神話が、どれもこれも間が抜けているとしか思えないのは、それらの行動の根拠としての「宗教的記述」が欠落しているからではあるまいか。——どんな補筆をおこなえば整合するか、それはなかなか面白い試みとなるかもしれない。今後の研究課題としておこう。

蘇我氏は、わが国に仏教を持ち込んだことで周知されるが、それ以前に道教をもたらしたのも蘇我氏であろう。巨大古墳築造の技術や、天文地理の知識、そして古代道教由来の呪術など、蘇我氏の関与は広汎で深い。仏教はその一つにすぎない。

消された「建国神話」

出雲族の鎮魂のために『古事記』神話が作られて、「国譲り」という〝美化〟によって「滅亡した出雲族」を鎮魂した。——ここに、蘇我氏の神話は含まれていないのだろうか。

私は、「スサノヲ神話」こそが、蘇我氏の神話であると考えている。今まで連結が見えなかったのは「スサノヲ＝蘇我」であるという〝常識〟が私たちに失われていたからだ。それが蘇った今、まったく別の視点が現れる。

出雲神話においてクライマックスはなんといってもスサノヲによるヤマタノオロチ退治であろう。ヤマタノオロチを退治して、その尾の中から草那藝之大刀《くさなぎのたち》（原文のまま）を発見した後、自らの宮を建設する土地を探す。

【書き下し文】

「――速須佐之男命は、宮造作《つく》るべき地を出雲国に求めたまいき。須賀の地に到りまして、吾れこの地に来まして、わが御心須賀須賀し、と詔《の》りたまいし。その地に宮を作りて坐《ま》しき。故《かれ》、そこをば今に須賀という。」

【訳文】

「――須佐之男命は、宮居を建設するための場所を出雲に探した。須賀という土地に来たところ、この地に来たら私の心はすがすがしく感ずる、と申された。そこで、この地に宮居を建設して住まわれた。そのゆえに、この地を須賀という。」（＊書き下し文、訳文とも筆者による）

『古事記』の神話を素直に読めば、この国に天降った天神はスサノヲが最初であり、宮を最初に建設した地は出雲の須賀である。須賀宮《すがのみや》こそは、天神の王宮第一号ということになる。

そしてこの地には、現在は須我神社が建っている。

▼須我神社（別名　日本初之宮）島根県雲南市大東町須賀

【祭神】須佐之男命　奇稲田姫命　清湯山主三名狭漏彦八嶋野神　（配祀）武御名方命

スサノヲを祭神とする神社は、全国に約一万三〇〇〇社ある（境内社も一社に数える／アマテラスを祭神とする神社と、ほぼ同数）。そのなかでも「八坂神社」が一番多くて約二五〇〇社。しかしこれは、第2章で述べたように由来に一貫性がない。注目すべきは、二番目に多い「須賀神社」で、全国に五一一社を数える（なお三番目が氷川神社の四九〇社）。北は秋田・宮城県から南は宮崎県まで分布している。県別では、兵庫が六四社、福岡が一三〇社でとくに多い。

『須我神社由緒』にはこう記される。

「古事記（和銅五年、西暦七一二年）所載＝肥河上で八俣遠呂智を退治せられた速須佐之男命は、宮造るべき所を求めて此処《ここ》、出雲国須賀の地においでになり、「吾此処に来まして、我が心須賀須賀し」と仰せになって、此地に宮殿を御作りになりましたが、其地より美しい雲が立ち騰《あが》るのを御覧になり、「夜久毛多都《やくもたつ》　伊豆毛《いずも》　夜幣賀伎《やへがき》　都麻碁微爾《つまごみに》　夜幣賀伎都久流《やへがきつくる》　其能夜幣賀伎袁《そのやへがきを》」の御歌を御詠みになりました。

即ちこの宮が古事記・日本書紀に顕われる日本初之宮であります。そして、ここが、三十一文字和歌発祥の地であり、この御歌の出雲が出雲の国名の起元であります。（中略）

出雲風土記（天平五年、西暦七三三年）では、此処を須我神社、須賀山、須我小川等の名に表現され、風土記抄（天和三年、西暦一六八三年）には須我村とあり須我は広く此の地方の総称であったことがうかがえます。須我小川の流域にそって十二の村があって、この須我神社は、この地方の総氏神として信仰されていたものであり、また、須我山（御室山、八雲山）の山ふところには巨岩夫婦岩並びに小祠があり、須我神社奥宮（磐座《いわくら》）として祭祀信仰されています。（以下略）」

なお、松江にもスガ社はあって、こちらは須賀と記す。

▼**須賀神社**（通称　天王社）島根県松江市春日町
【祭神】須佐之男命　（配祀）天兒屋根命

ちなみに遥か遠くの大和飛鳥にも、次の三社が鎮座している。いうまでもなく、飛鳥は蘇我氏の故地である。

▼**須賀神社**　奈良県橿原市新口《にのくち》町（旧・大和国十市郡）
【祭神】素盞嗚命　（配祀）表筒男命　中筒男命　底筒男命　息長帯姫命　姫大神　武甕槌命　經津主命　天兒屋根命
▼**須賀神社**　奈良県磯城《しき》郡田原本《たわらもと》町味間《あじま》（旧・大和国十市郡）
【祭神】素盞嗚尊
▼**須賀神社**　奈良県御所《ごせ》市本馬（旧・大和国葛上郡）

【祭神】素盞嗚命

――この須我の地から、杵築までは直線距離で約一五キロメートルである。しかしそこに鎮座する出雲大社の祭神はスサノヲではないのだ。せめて合祀・配祀されているのであれば納得もいくが、スサノヲは大社には祀られていない。

それでは出雲の祖神・スサノヲはどこに鎮座しているのかというと、第1章ですでに紹介したように大社の外、裏側にぽつんと離れて素鵞社として祀られている。「大国主を見守る」といえば聞こえはいいが、どうみても孤立した離れにやっかい払いされた邪魔者という位置付けである。百歩譲って隠居所というところだろうか。

そもそもオオクニヌシとは何者か。記紀や『新撰姓氏録』ではスサノヲの六世の孫となっている。また、スサノヲの女婿《むすめむこ》でもある。『日本書紀』は「一書曰《あるふみ》」や「一書云」として異伝を収録しているが、それによれば、五世の孫、また七世の孫ともある。スサノヲから葦原中国《あしはらのなかつくに》を引き継ぎ、国造りを完成させた功労者である。そして、天孫・ニニギに国を譲って、杵築の地（出雲大社の鎮座地）に隠居したとされる。

なお、正確を期するために、その他の表記による「そが」神社の事例を挙げておこう。これらはいずれも文字の「揺れ」によるもので、元宮や本社は蘇我や素鵞などであったものが、分霊・勧請した際に遠慮して置き換えられたものと考えられる。したがって、これらの元宮・本社を確認するのが先決となる。

▼**素我《そが》神社《じんじゃ》**　静岡県掛川市下土方《しもひじかた》
【祭神】須佐乃男命　大己貴命　稲田姫命
▼**素我神社**　静岡県袋井市山崎
【祭神】素盞嗚尊
▼**蘇家《そが》神社《じんじゃ》**　愛媛県南宇和郡城辺《じょうへん》町深浦
【祭神】蘇家大神　（配祀）伊弉册命　菊理姫命　菅原道眞　加俱土命　事代主大神　大山積命
素盞嗚命　底筒男命　中筒男命　表筒男命
▼**宗我《そが》神社《じんじゃ》**　高知県香南市野市町
【祭神】大國主命
▼**曽我《そが》神社《じんじゃ》**　高知県高岡郡佐川《さかわ》町丙
【祭神】武内宿禰

（＊——仇討ちで有名な曾我兄弟を祀る神社は蘇我氏の出自とは無関係であるため除外した。）

須賀神社・須佐之男命の神楽面

さて、これまで見てきたように、記紀、とくに『古事記』に記されている出雲神話と、『出雲国風土記』に記されている出雲の神話は、まったく一致しない。

そもそも記紀も風土記も、勅命（ないしは中央政府からの命）によって編纂・成立しているもので、しかも成立後、確実に政権による何らかのチェックを受けているだろう。その任に携わった者が、他の文書を知らないはずがない。風土記をチェックした者は記紀を知っていたはずで、ならば当然、出雲神話がまったく異なる内容であることも知っていただろう。

にもかかわらず、これを看過した。あるいは容認した。記紀も風土記も国書であるから、担当は一人や二人ではないはずで、それでもこの矛盾をなんら質すことをしなかった。

この事実を説明する答えは一つしかない。記紀の出雲神話も、風土記の出雲神話も、正しいということだ。記紀の記述も、風土記の記述も、いずれも本物であるということである。

では、分担したのかといえば、それはないだろう。記紀も、風土記も、その書き方からみて、それぞれの立場でそれぞれに書き尽くしている。『古事記』は、出雲神話を書き尽くした。『日本書紀』は、それを選別した。そして『出雲国風土記』も、出雲神話を書き尽くした。しかし、その内容は、記紀と風土記ではまったく重なることのない、異なる神話であった。

それではなぜ異なるのか。この答えも一つしかない。すなわち、記紀の出雲と、風土記の出雲は別の国であるということである。だから、そのままでよいのだ。

「わが国の神話は多元的であり、複合的であるといわれている。それはさらに遡っていえば、わが国の民族と文化とが、多元的であり、複合的な成立をもつものであることを、意味していよう。」という白川静の指摘の通りであろう。出雲という舞台も一つではなく、出雲の祭祀も、出雲の神話も、複合的に成り立っている。

本書ですでに述べたように、出雲は大和にもある。つまり、記紀の出雲神話は、現在の地名でいえば奈良県大和地方の前出雲（あるいは元出雲）の神話であり、風土記の出雲神話は、島根県出雲地方の後出雲（現出雲）の神話である。

ただし、記紀の出雲神話は神話として加工されるにあたって編集された。すでに出雲族の主力は地の果てに追いやられていたことから、地名をそちらに移し替えた。その結果、ヤマタノオロチ退治は意宇《おう》になり、素兎は因幡になり、その他諸々の置き換えがおこなわれたのではないだろうか。そう考えると、最終ランナーである風土記の編纂者が、記紀神話について一切触れていないことも合点がゆくのではないだろうか。追従追認するわけにはゆかないが、否定もしない。その姿勢に落着する。

「国引き」は、史実であろう。といっても、むろん伝承のままに土地を引き寄せたわけはなく、地理的に変動があったという意味である。かつて宍道湖や中海はそのまま海であって、陸続きではなかった。そのことは地質研究その他からすでに証明されている。しかし後年、海が後退したか、陸が隆起したかのいずれかによって陸続きとなったのだ。その古い記憶が伝承されて、神話化した。

これと同様に、記紀の出雲神話も、史実であろうと私は考えている。ただのお伽噺やファンタジーではない。実際に起きたこと、つまり「歴史」や「事件」を記したものだ。ただし、リアルに記録するのではなく、シンボライズされ神話化された。それをおこなう理由があり、おこなった者にそうするだけの都合があったということであるだろう。

白川静が、神話の成り立ちについてもこんな指摘をしている。

「神話の体系は、異質的なものとの接触によって豊かなものとなり、その展開が促される。それには摂受による統一もあり、拒否による闘争もあるが、要するに単一の体験のみでは、十分な体系化は困難なようである。そのため孤立的な生活圏は、神話にとってしばしば不毛に終る。」

出雲神話が豊饒なドラマ性を包含している背景には、もとの出雲という国が「孤立的な生活圏」ではなかったからであろう。すなわち、地の果てで海と山とに挟まれた土地ではなく、四方に無限の可能性をもっているヤマトこそが出雲神話の舞台としてふさわしい。出雲の主要神社がそろって東方を向いているのは、失なわれた豊かな故地を望む想いの表れではないだろうか。


そして、出雲大社（杵築大社）が例外的に南向きなのは、当地の主要な神社が創建されたはるか後世に、おそらくは記紀成立の直前頃に建設されたゆえであるだろう。

それ以前は、鶴山方面から素鵞川が流れ込み、亀山方面からは吉野川が流れ込み、現在の拝殿辺りでそれら二本の川が合流していた。つまり、そもそも現在のような社殿を建てられる環境にはなかったのだ。合流点の八雲山寄りに小祠が祀られていて、後にこれを大規模に建て替えたものが現在の出雲大社（杵築大社）の前身であるだろう。

出雲国造家が、八世紀の初めまでは意宇を本貫地として、熊野大社の祭祀に専従していたことは記録からも明らかになっている。

川の流れが変わり、境内地が現在に近いものになり、国造が移り来たる。——このタイミングこそは、巨大な社殿が建設されて、国家レベルの鎮魂慰霊祭祀がおこなわれるようになった時なのではないだろうか。それは『出雲国風土記』成立（七三三年）よりは以前であろうが、（風土記で、熊野と杵築がともに大社と記されているゆえ）、それより大きく遡るものではないだろう。

出雲大社の社伝によれば、造営は垂仁天皇（年代不明）が第一回で、斉明天皇五年（六五九年）が第二回とされているが、第一回とは熊野大社のことであろう。

そして第二回とされる斉明天皇五年、「出雲国造に命じて神之宮を修《つく》り厳《よそ》わしめた」と『日本書紀』にある。なお、これをも熊野社とする説があるが、これは神魂神社のことであるだろう。杵築の特別扱いが始まるのは、この後、国造が杵築専任となってからである。

第4章【関東篇】関東の開拓者となったスサノヲ……蓬萊山を求めて

富士山の都

拙著『古事記はなぜ富士を記述しなかったのか』において、氷川神社（埼玉県さいたま市）こそはスサノヲの関東王宮ではなかったかと推論した。そしてその根拠の一つが「富士山」の存在であることを指摘した。

いうまでもないことだが、富士山は日本一の神奈備《かんなび》である。したがって他の神奈備と同様に、富士山を信仰対象とする信仰拠点が山麓に発現しており、周囲の山麓には現在まで続くいくつかの浅間《せんげん》神社が拠点として鎮座している。中でも第一は富士山の南側山麓である富士宮市の富士山本宮浅間大社《ふじさんほんぐうせんげんたいしゃ》と、その元宮《もとみや》の山宮《やまみや》である。富士山山頂には本宮《ほんぐう》の奥宮《おくみや》があり、富士山の八合目より上は本宮の境内地である。

富士宮市には、浅間大社とは別に、多くの宗教団体が本部を置いている。しかし大企業は皆無である。富士宮市を一度でも訪れてみれば即座にわかることだが、そこは決して大きな都市ではなく、古来、多くの人がこの地を経由して富士山登拝をおこなってきたにもかかわらず、社会的にも経済的にも特別発展することはなく、どこまでも〝信仰の町〟であった。信仰の拠点、神奈備の街、門前町とはそういうものである。信仰の町は古代から人が集う地であるにもかかわらず、決して大都市にはならないものなのだ。

たとえば出雲には全国から参拝者が常に集うが、歴史上この地が政治や経済の拠点であったことは一度もなく、これからもないだろう。

三輪も同様で、最も古くからの信仰の地である三輪・桜井一帯は、古代から現代に至るまで社会的経済的に繁栄することは決してなく、都は常にその外側にあった。

そして富士宮も、これらの町と同様の位置付けで、ここには「繁栄した国家」の痕跡はなく、かつても今後もそういう場所になるような土地ではない。富士宮で国家祭祀をおこなっていた〝国〟は、どこか別の場所にあったはずである。それがこの国の宗教と政治・経済との基本構造である。

さて、それでは富士山を信仰の中核とする〝国〟は何処《いずこ》なのか。日本一の神奈備であるのだから、きっとそれにふさわしい大きな国であるに違いない。当然ながら経済的にも、さぞ繁栄していたことだろう。そして、そこには君臨する〝王〟がいたはずである。大きな国には、偉大な王がいるのは世の習いであって、しかもそれが「建国の初代の王」であるならば、桁違いのレベルであろうとは誰もが考えるに違いない。しかも古代の王、とくに建国の王は、宗教と軍事と経済のすべてを総合的に統括する能力が抜きん出ていなければ務まらない。秦の始皇帝がそうであったように、一代の英雄と呼ぶにふさわしい能力を備えているものだ。

しかし日本の古代——就中《なかんずく》、関東の古代に、そのような人物がいたのだろうか？　その時代の関東は（それ以前も）、記録そのものがほとんどない〝空白の時代〟であるが、ここに多くの人が暮らし、なんらかの経済活動がおこなわれていた「大きな国」が存在繁栄していたことは考古学的遺跡遺物からはっきりしている。関東地方に縄文時代の早い時期から多くの人々が暮らしていたことは、無数に残る「貝塚」によって明らかである。

縄文時代の貝塚は、日本列島全体で約二五〇〇個所発見されているが、その四分の一は東京湾岸一帯に集中している。そして彼らの子孫も代々この地に暮らしていたであろうことは否定できない。弥生時代に入ると、突然のように巨大古墳が関東各地に築造されるようになり、日本屈指の規模である埼玉《さきたま》古墳群は特に有名である。その中の一つである稲荷山古墳から出土した「鉄剣」は、一一五文字に及ぶ金象嵌の銘文が発見されたことで大きなニュースにもなった。——これだけの遺跡が集中しているのであるから、ここに〝大きな国〟があったことは明らかであろう。

ところが、どんな国があったのか、誰が王だったのか、今もなお実はまったくわからないのだ。富士山の噴火によって、あたかもポンペイのように埋まってしまった都市が私たちの足の下にあるのだろうか、——そんな空想もしてみたくなるほど、日本最大のこの平野は謎を秘めている。

そこで私は、その最大の手掛かりを地理風水という古代技術によって求めてみたいと思う。どんな国があったか、誰が王だったかがわからないのであれば、そこになぜ〝大きな国〟が建国されたのか、また維持され、かつ繁栄したのか、その理由がわかれば少なくとも国家と王の存在の〝逆証明〟になるだろう。方士《ほうし》が能くした方術（風水術の原型・天文地理）とは、本来「都」を定める技術であるのだから、そこからたぐり寄せようという試みである。もし富士山を蓬萊山と仮定するならば、地理風水によって都の位置は自動的に定まることになる。蓬萊山を目指してここに到達したのであれば、当然ながら富士山の旺気に守られる龍穴の地に国の中心を据えるはずであって、その地こそは『史記』に記録されている通りの「平原広沢の地」――つまり、平野と湿地であるだろう。また、そこにかつて〝王宮〟が置かれ、後には初代の〝王〟であった者が子々孫々の守護神として祀られているだろう。

方士がおこなっていた地理風水の方法に「天心十字法《てんしんじゅうじほう》」というものがあって、国の宮殿を建設する際に、その中心＝大極殿《だいごくでん》の位置決めをする手法である。平城京や平安京でもこの方法で決められている。通常は主山《しゅざん》を北に見るのだが、富士山は海際にあるため、土地の開けた方角で測量することになる。関東地方の地図を見ると一目瞭然、「天心」を算出するポイントは富士山と浅間山《あさまやま》と筑波山《つくばさん》である。

富士山の噴火によって形成された関東平野は、日本で最も広い平野であって、四方に眺望が開けている。西北には多くの峰が連なるが、中でも西北に聳える**浅間山**は、「冬至の日の出」をとらえる山として古来、特別な信仰を集めている。冬至は、ご存じのように一年で最も夜が長い日のことであるが、つまり冬至に向かって陽はどんどん短くなって、ついに冬至に最短となり、そしてその翌日からは今度は陽が長くなり始めるという日なのである。そのため古代においては、冬至の翌日を一年の始まりの日としていた。

地理風水では、冬至までは「陰の気」が進み、冬至以後は「陽の気」となる、としている。これこそが本来の一年の〝夜明け〟であって、冬至こそは、本来の「暦の基準日」である。関東という地域において、浅間山がいかに重要な位置にあるか、おわかりいただけたと思う。

そしてもう一カ所、関東平野の東北方向から南東方向にかけては目立った山嶺はないが、その中で唯一視界にとらえられるのが**筑波山**である。この地に暮らす古代の人々は、富士山、浅間山、筑波山を遥拝して、素朴な自然崇拝を育んでいたと思われる。そしてこれらの位置関係を図示すると別掲のようになる。交点には、武蔵国一宮・**氷《ひ》川《かわ》神社**があって、関東で最も古く、最も大きな神社である。とすると、ここが古代の国の中心であり、大極殿があったところということになるだろう。そして「初代の王」「建国の父」が祀られているのが当然の成り行きとなるだろう。

▼氷川神社（通称　お氷川様）埼玉県さいたま市大宮区高鼻町

【主祭神】須佐之男命《すさのをのみこと》　稲田姫命《いなだひめのみこと》　大己貴命《おおなむちのみこと》

スサノヲを祭神とする神社は複数系統あることはすでに述べた。その第一は八坂神社（祇園社）であるが、これは牛頭天王を祀ったことに始まるもので、スサノヲ神は後付けであると、すでに紹介した。それでは次に多いのはといえば、氷川神社なのだ。

氷川神社の鎮座する地は古来「大宮《おおみや》」と呼ばれてきた。今では浦和市などと合併して「さいたま市」になっているが、それ以前は「大宮市《おおみやし》」と称して埼玉県最大の市として県民には周知されていたものである。そして「大宮」という地名は、その地に鎮座する氷川神社に由来している。神社の「由緒」にはこんなふうに記されている。

「氷川神社は社記によると今から凡《およ》そ二千有余年、第五代孝昭天皇の御代三年四月未の日の御創立と伝えられます。

御祭神、須佐之男命は天照大御神と月読命とともに伊弉諾命から生まれた三貴子の一神で、八俣大蛇退治など力強く雄々しい神として知られております。

大己貴命は須佐之男命の御子に坐して国土を天孫瓊々杵命《ににぎのみこと》に御譲りになられた国土経営の神です。

稲田姫命は須佐之男命の御妃で大己貴命の御母神です。

この御三神をここにお祀りされたのは国土経営、民福安昌祈願のためであって、大和朝廷の威光が東方に及ぶにつれて、当神社の地位も重くなったと考えられています。

氷川神社の位置

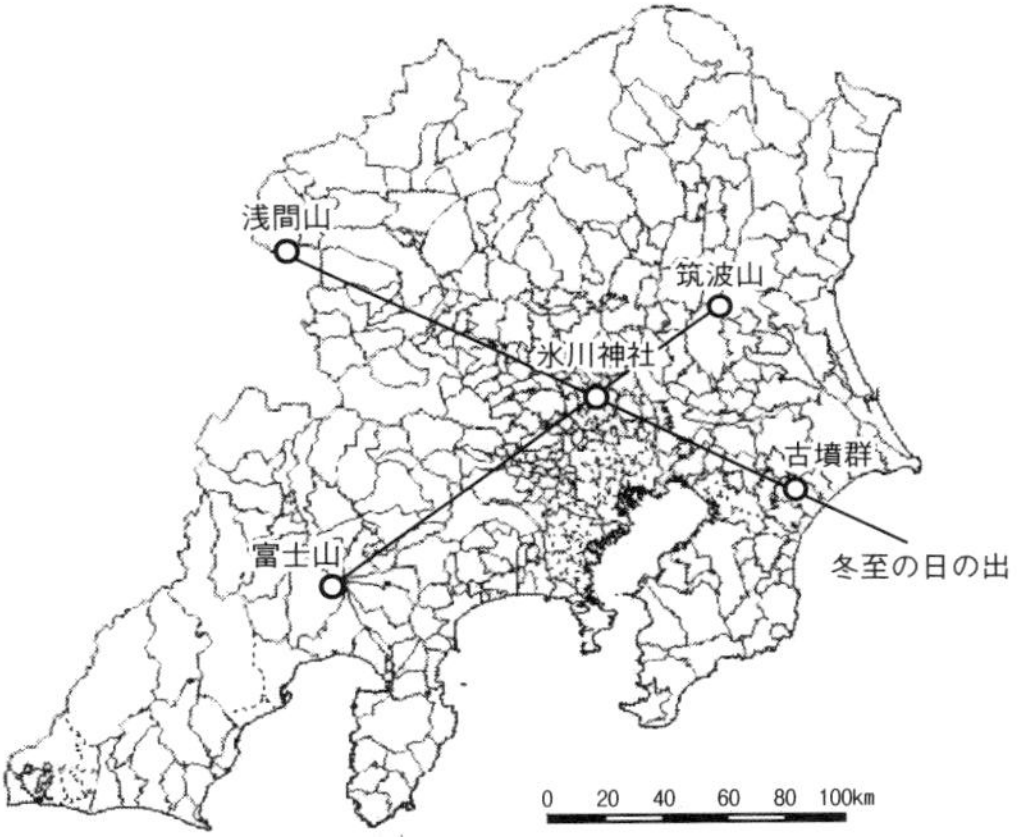

神社の鎮座する地は、大宮台地の上にあり、その中でも鼻のように高く突き出た位置にある為、一帯の地名は高鼻町と呼ばれます。かつて神社の東側には見沼と呼ばれる広大な湖沼があり、豊かな土壌を形成する元となっておりました。「神沼」、「御沼」とも呼ばれた見沼は正に豊かな恵みを与えて下さる神聖な水をたたえた湖沼で、江戸時代に開発された見沼溜井は周囲約39キロに及ぶ大貯水池でした。現在境内にある神池は見沼の名残であるといわれ、神域の蛇の池からの湧水が豊富に注がれております。

地理的な点から見ても、見沼をひかえ土地は肥沃で東西南北に交通の便もよく、人々は益々繁栄し今日の基をなすに至ったものと思われます。

第十二代景行天皇の御代、日本武尊は当神社に御参拝し東夷鎮定の祈願をなされたと伝わっております。第十三代成務天皇の御代には出雲族の兄多毛比命が朝廷の命により武蔵国造となって氷川神社を奉崇し、善政を敷かれてから益々当社の神威は輝き格式を高めたと伝わります。

　今から凡そ千二百年前の聖武天皇の御代には武蔵一宮と定められ、醍醐天皇の御代に制定された延喜式神名帳には名神大社として、月次新嘗案上の官幣に預かり、又臨時祭にも奉幣に預かる等、歴朝の崇敬を殊の外厚く受けてまいりました。（以下略／傍線筆者）」


武蔵国一宮、官幣大社、関東では最古で最大の神社である。全国に三〇〇社近くある氷川神社の総本社である。その「由緒」のポイントである傍線部分に注目したい。

まず一つ目は、「大和朝廷の威光が東方に及ぶにつれて、当神社の地位も重くなった」ということであるが、つまりそれはヤマト朝廷が東国を支配統治するために、氷川神社の威光を利用したということであって、すでにそれだけの地位にあったのを示すものである。しかも、ヤマト朝廷は氷川神社を征討するのではなく、尊重することで共存共栄の道を選んでいる。

それにしても、九州を出発点に東へ進軍し各地の豪族を次々と征討し、ひたすら全国制覇へと向かいつつあるヤマト朝廷が、いったい何に〝遠慮〟したというのか。「信仰」の力か、それとも「経済」の力なのか。

「信仰」の力は当然あっただろう。しかしそれだけならば、すでに各地で直面している。瀬戸内海全域を信仰圏とする大三島の大山祇神社、備前一帯を信仰圏とする吉備津神社、紀伊一帯を信仰圏とする熊野三社、大和一帯を信仰圏とする大神神社など、すべて完全に統治下に置いてきている。

それでは、氷川神社にはさらに何があったのか。その答えは、二つ目の傍線部分にある。

「かつて神社の東側には見沼と呼ばれる広大な湖沼があり、豊かな土壌を形成」していたのである。「由緒」にあるように、この一帯は「肥沃」で、しかも「交通の便もよく」、そのためたいへん繁栄していたとある。すなわち、信仰と経済の複合であろう。

四方拝《しほうはい》の示唆するもの

ところで氷川神社は、天皇陛下が元旦早朝におこなわれる**四方拝**《しほうはい》という祭儀において、必ず遥拝祈禱される社名に入っている。これは〝特別扱い〟ということである。

宮中祭祀を子細に見ると、いくつもの真相が見えてくるが、なかでも四方拝は、その年の一番最初の祭祀であるから、それだけの〝意味〟がある。四方拝は正月元旦に天皇陛下が御一人でおこなう陰陽道の祭祀で、古《いにし》えより現在に至るまで連綿と続いている。

本来の次第は次の通り。

旧暦一月一日の寅の刻（午前四時頃）に、天皇は黄櫨染御袍《こうろぜんのごほう》という黄土色の朝服《ちょうふく》を着用し、清涼殿の東庭に出御。

屏風八帖を建て巡らし、天皇一人がそのうちに入り、閉ざす。

天皇はまず北に向かい、自らの属星《ぞくしょう》を拝す。

属星《ぞくしょう》とは、陰陽道では、誕生年によって定める北斗七星の中の一つの星で、その人の運命をつかさどる命運星である。

次に天を拝し、西北に向かって地を拝し、それから四方を拝し、山陵を拝する。

平安時代にはすでに正月元旦の恒例となっていた。

このとき天皇は以下の呪言を唱える。

賊寇之中過度我身《ぞくこうしちゅうかどがしん》、毒魔《どくま》之中過度我身、毒気《どくけ》之中過度我身、毀厄《きやく》之中過度我身、五鬼六害《ごきろくがい》之中過度我身、五兵口舌《ごひょうくぜち》之中過度我身、厭魅呪咀《えんみじゅそ》之中過度我身、百病除癒《ひゃくびょうじょゆ》、所欲随心《しょよくずいしん》、急々 如律令《きゅうきゅうにょりつりょう》。

すべての災厄は我が身を通り過ぎて治まりたまえという意味である。

最後の「急々如律令」は、陰陽道独特の呪文で、漫画や映画でも安倍晴明がしばしば唱えていたので、ご存じの読者も少なくないと思う。元々は「律令の如くせよ」という意味であるが、早くに意味は失われている。呪文というのはそういうものだ。

なお発音は参考までにルビを付したが、本来私たちの容喙《ようかい》すべからざる領域のことであって、みずから唱える陛下ただ御一人のみの知るところであるから、現状がいかなるものかは陛下御一人のほか誰にもわからない。

また、屛風に囲まれているため、他の何者も祭儀次第を目にすることはない。

四方拝とは、そういうものである。一種の「秘祭」といってもよいだろう。

かねてより私は、これを「封禅《ほうぜん》」あるいは「郊祀《こうし》」のエッセンスを受け継いだものではないかと考えている（＊封禅・郊祀の詳細については拙著『古事記はなぜ富士を記述しなかったのか』を参照されたい）。

四方拝は、明治以後は皇室祭祀令によって規定され、皇室祭祀令が廃止された戦後においても、それに准じておこなわれている。

現在では元旦の午前五時半に、天皇は黄色の束帯を着用して出御。

宮中三殿の西側にある神嘉殿の南の庭に設けられた建物の中で、伊勢の内宮と外宮、すなわち皇大神宮と豊受大神宮に向かって拝礼した後に、四方の諸神を拝するように改められている。

戦前は国家祭祀としておこなわれて四方節と呼ばれ、祝祭日の中の四大節の一つとされていたが、戦後は天皇家の私的な祭祀としておこなわれている。そして、このときに天皇陛下が拝する神々および天皇陵は次の通りである。

伊勢神宮
天神地祇
神武天皇陵
先帝三代の陵
氷川神社
賀茂神社
石清水八幡宮
熱田神宮
鹿島神宮
香取神宮　　以上

この一覧が公表されてから、論議が収束したことはない。伊勢神宮と石清水八幡宮は皇室の「二所宗廟」であるため別格として、一般の神社名はわずかに五社しか挙げられていない。

このうち熱田神宮は、三種の神器の一つである草薙剣を祀る神社であるから、皇室とは特別の関係にある。

賀茂神社は、賀茂別雷《かもわけいかづち》神社（上賀茂神社）と賀茂御祖《かもみおや》神社（下鴨神社）の二社の総称で、山城国一宮であって、平安京一二〇〇年の守護神である。これも当然といえばいえる。

しかし、その他の三社がなぜ氷川（武蔵国一宮）、鹿島（常陸国一宮）、香取（下総国一宮）なのか？　これ以外の数ある大社がここに一切含まれないのは何故か？　またここに仏教関係が一切含まれないのは何故か？

今に至るも明確な答えは明らかになっていない。

しかも関東の三社は、東京に遷都してから加えられたものだ。そして氷川神社は、社名列挙の筆頭なのだ。

これほどに重要視され、かつ関東随一の古い由緒を有している神社であるにもかかわらず、実は大宮の地にはそれに相応しい遺跡や遺物がまったくない。氷川神社の社殿も明治十五年と昭和十五年に改築して現在の姿になる前は、質素なものであった。

この地域には大規模な古墳もなく、古代の城郭遺跡もなく、歴史に刻まれるような重要な遺物も発掘されていない（縄文土器や弥生土器は数多く発掘されている）。

にもかかわらず、明治天皇は東京へ入ってわずか四日目（明治元年十月十七日）に、氷川神社を武蔵国の総鎮守とし、「勅祭社」と定めた。そして一〇日目には早くも大宮に行幸し、翌二十八日にみずから御親祭を執りおこなっている。もちろんそれは関東のすべての神社の中で最初であり、きわめて特別なことであった。明治天皇は明治三年にも再び参拝している。

なぜ、明治天皇は真っ先に氷川神社へ行幸したのか。氷川の祭神スサノヲこそは、関東の開拓神だからである。

氷川神社は、これほど〝特別扱い〟されて現在に至っている。にもかかわらず、氷川神社に関しては満足な研究書さえほとんどない。とくに古代史研究者には無視に近い扱いをされている。研究者の興味関心をそそるような物や事、文献や考古遺物がきわめて少ないからだろう。

しかし、本当にそうなのか？　これほどに古い由緒があり、皇室からも重要視されていて、むしろ「何もない」ことこそが不可思議というものではないだろうか。私は、だからこそ、氷川神社に着目した。氷川神社は、実質的にはスサノヲを祭神として祀る神社では最多であり最大である（実数一位の八坂神社が特殊な祭祀由来であることは第2章で述べた）。

上は昭和初期の氷川神社拝殿と本殿。これ以前は祭神ごとに小規模な社殿が祀られていた。下は現在の拝殿。

この事実は何を示しているのだろうか。〝全国区〟の神社といえば、なんといっても稲荷神社や八幡神社がお馴染みだが、いずれも各地にまんべんなく散在している。ところが氷川神社はこれまで触れてきたようにほんの一部に偏っている。つまりそれは、氷川神社が〝全国区〟ではなく、関東、さらには武蔵国という〝地方区〟の神社であることを示しているということだ。

それでは、祭神のスサノヲが〝地方区〟の神ということなのか。実は、スサノヲを祭神とする神社は八坂神社ばかりでなく他にも少なからずある。八坂神社系の牛頭天王を祀るものが多くを占めるが、それでも須賀神社（二九〇社以上）や須佐之男神社（一五〇社以上）など当初からスサノヲ神を祀っているものも全国にある。

しかし、同じスサノヲを祀りながらも、必ずしも性格は同一ではない。これはスサノヲ神が複数の神格を融合した複合神であることを示すものかもしれない。

もともとスサノヲ神話は、前半と後半でまったく別の性格であるとは誰もが認めるところで、その点がスサノヲ信仰の分裂につながっているのだろう。

実は氷川だけではなく他の「スサノヲ神社」にも偏りがある。

須賀神社は**福岡県**に集中している。

須佐之男神社は**愛知県**に集中している。

それぞれが、スサノヲのどの性格、あるいはどの神話を信仰しているからそうなったのか、興味深いものがある。ここには一つの「仮説」だけを提示しておこう。

スサノヲ神は、ある偉大な王の神格化であるとともに、その子・王子たちの神格化をも合体したものと私は考えている。父王は武蔵（埼玉・東京）に拠点を構え、王子たちは、筑紫（福岡県）や尾張（愛知県）の統治者となったのではないかと。スサノヲの神格が複雑なのは、これらの複合だからなのかもしれない。

冬至の日の出を望む「肥沃の地」

さて、話を氷川神社に戻そう。先の図で、富士山と筑波山を結んだ直線と、浅間山と冬至の日の出を結んだ直線の交差するポイントに氷川神社は位置すると示したが、実はこれにさらに加えることがある。

氷川神社から冬至の日の出に向かう直線上（見沼）には順に中山神社（旧・中氷川神社）、氷川女体神社が並んでいる。つまり、氷川神社の位置ばかりでなく、冬至日の出ラインを正確に示す証拠がここにもあるということである。

▼**中山神社**（別名　中氷川神社・氷王子社・簸王子社）埼玉県さいたま市見沼区中川

【主祭神】大己貴命

▼**氷川女体神社**《ひかわにょたい》　埼玉県さいたま市緑区宮本

【主祭神】奇稲田姫命

中山神社と氷川女体神社は、氷川神社本宮とともに三社で一つの氷川神社であったという説もある。かつては大宮氷川神社（主祭神が夫のスサノヲ）、氷川女体神社（主祭神が妻のクシナダ）とあわせ、その中間点に位置する中山神社（息子のオオナムチ）の三氷川社をまとめて氷川大明神としていたという伝承に基づいている。

こういった例は他にもあって、信濃国一宮・諏訪大社は、上社と下社の四宮の総称であり、先に紹

▲中氷川神社（現・中山神社）
▼氷川女体神社

介した賀茂神社も上賀茂社と下鴨社の総称である。ともに、最古級の大社である。

かつて氷川三社の実態がどうであったかは判然しないが、それぞれの鎮座地に重要な意味があり、しかも明確な〝意志〟が働いていたであろうことは容易に判断される。氷川神社本宮から見ると、冬至の日には、東南東の氷川女体神社から朝日が昇るという構造になっており、朝日は、女体社、中氷川、本宮と順に照らし出すのだ。すなわち、稲作で最も重要な暦の基点を、正確に認識するための意図的な配置になっている。

ちなみに、氷川女体神社は、「延喜式神名帳」に記載されている「多氣比賣神社」の論社（該当候補の神社）である。「多気比売」は正史には見えない神の名で、埼玉《さきたま》の地方神という説もあるが、「タケヒメ」とは「竹姫」であり「かぐや姫」のモデルだともいわれている。

この氷川女体神社は、かつては広大な沼地である見沼を見渡す丘であった。現在では見沼は埋め立てられてしまって、社殿の建つ丘だけが、広大な平地の中に突き出ている格好であるが、周囲には他に丘はない。

こういった地形はえてして〝人工的〟なもので、つまりこの社殿地は〝古墳〟ではないかと私には思われる。つまり、社殿は墳丘の頂に建てられたもの、ということで、古い神社にはこの形式は少なからず見受けられる。氷川女体神社は「多気比売」なる人物を埋葬した墳墓であって、その人物は伝承にあるように「氷川神の妃」であるのかもしれない。

それでは氷川神の墳墓はどこに所在するのか。女体社の墳丘もかなりの規模であるから、氷川神の墳墓となればこれよりさらに大規模なものであろうことは間違いないだろう。

氷川神として祀られた人物は、かなり早い時期に武蔵一帯の統治者であったことは間違いないところだが、ということは家康や道灌よりも、さらには将門よりもはるか昔に関東に着目したということである。道灌・家康は千代田を、それ以前に将門は府中をみずからの居城として見出した。しかしさらにはるか昔に、見沼の畔《ほとり》・大宮を見出した人物がいたということであろう。

それ以前には関東に統一的な政体は見出せないので、彼こそは最初に関東一円を統括した人物であると言えるだろう。彼は、見沼に居城・王宮を構え、関東一円を統括し、死しては氷川神社に神として祀られたと考えられる。そしてその後、長く広く崇敬された。

しかしその〝国〟はヤマト政権に譲られ、見沼は埋め立てられることとなる。見沼の干拓を徹底的におこなったのは徳川である。さながら〝風水断ち〟であるかのように！

これによって、この〝国〟は、ほぼ消滅した。最終的には、明治天皇によって「権威の回復」がなされているが、その姿は深い闇に消えて、忘れ去られていったのである。――はたしてそれは、何者か？

ちなみに能登国一宮の**氣多大社**《けた》には、祭神の渡来伝承がある。同社の「縁起」によれば、大己貴命が出雲から多くの神を率いて海路降臨したものという。また別の「縁起」では、気多大菩薩は孝元天皇の時に郎党を引き連れて渡来した異国の王子であり、能登半島一帯を征したとする。いずれにしても、渡来者が新たな統治者となったということを示唆するものだろう。能登は、関東へ渡来する者の北ルートの中継点である。

▼気多大社（氣多大神宮）石川県羽咋《はくい》市寺家町

【祭神】大己貴命

かつて、日本列島は「人種の吹き溜まり」であった。あまり良い言葉ではないが、本国で負け戦の果てに海へ脱出し、海流と偏西風によって流されると、ついには東の果ての日本列島へと流れ着く。中東からもインドからも東南アジアや支那大陸沿岸からも、そして半島からも自然に流れ着いた。航海技術がある程度発達するまでは、海へ逃げる人々の多くはひたすら東へと流されて、台湾や琉球に漂着した者もいたが、九州から四国へ、出雲や能登半島へ、また紀伊半島や、伊豆半島、房総半島まで流れ着いた者たちも少なからずいたことだろう。むろんそのほとんどは紀元前のことである。

氷川神社の位置を見るとわかることだが、彼は「天文地理風水」にきわめて詳しく、しかもそれは付け焼き刃の知識ではないようだ。まぎれもなくその道の〝専門家〟であるだろう。氷川神社が建立された時代、さらにはその以前に大宮に宮居を建設し、〝国〟を建て、統治した時代、それは紀元前二〇〇年頃のことになろうか。その時代において天文地理や治水の〝専門家〟であることは、特殊な地位にあることを意味している。本書で既述した「徐福伝説」を思い出してほしい。徐福は名高い「方士」であった。秦始皇帝は、徐福の方士としての能力を高く評価したからこそ、資金も資材も人材も援助を惜しまず与えて、東海へと送り出したのだ。

「大宮《おおみや》」に「王宮《おうきゆう》」を見る

地名の「大宮」とは、言うまでもなく「大いなる宮居」という意味である。そして通例、「宮居」といえば、「皇居」を意味する。つまり、「天皇の宮殿」のことである。

氷川神社がこの地に鎮座したのは、伝承によれば今から二〇〇〇年以上も前の時代であって、祭神のスサノヲが王として君臨していたのは、当然ながらその前ということになる。

天皇という呼び方は、第四十代・天武天皇から使われ始めたとされており（第三十三代・推古天皇からという説等もある）、それ以前は主に「おおきみ（大王）」という呼び方であった。他にも「すめろぎ（須賣漏岐）」や「すめらみこと（須明樂美御徳）」などの呼称もあったが、「統治する」の古語である「統《す》べる」の変化形がほとんどである。そのなかで唯一「大いなる君（主）」の変化である「おおきみ」が、やはり原点であろうと思われる。

これに「大王」という漢字を充てるのは当然ながら後付けであって、もともとはその〝音〟だけが通用していたものである。そして、「おおきみ」の居る場所が「おおみや」となる。

さて、それでは、当時の「大宮」はどのような状態にあったのかというと、そもそも「宮」というのは普通の人の住まいのことではない。宮殿であるから、「王位」にある人の住まい兼庁舎ということで、それはすなわち、「王宮」のこと。二〇〇〇年前のこの地に、「宮居」を構える「王」がいたということである。そしてそれは、後にスサノヲと呼ばれるようになる徐福（徐市《じよふつ》）のことであったのかもしれない。

もし仮に、「大宮」こそが徐福宮だったとすれば、徐福は筑波山に埋葬された可能性が高いと私は考えている。その理由の一つは「地理風水」にあって、富士山と筑波山を結んだ直線上に氷川神社は鎮座している。

関東では古くから「西の富士、東の筑波」と並び称されるほど際立った景観で、高層建築物のほとんどないその昔には、関東全域から両山を望むことができた。

また、大宮の地にとって祖山である富士山に相対していることで、富士山からの旺気を受けて、子孫を守護する位置となる。もちろん、常陸から房総にかけての龍脈の中心でもある。


徐福が道教の方士（方術士）であったことは『史記』にも記されていることで明らかであるが、そうであるならば「墓陵の選定」は最も得意とするところだ。地理風水は、本来は宮都の選定を目的とする技術であるが、実践される機会が稀であるところから援用拡大されて、王墓の選定に活用されるようになり、次第に高位高官の墓陵選定、そしてさらに後世には一般の墓所の選定にまで使われるようになる。これを「陰宅《いんたく》風水」と呼ぶ。生きている人のための邸宅を選定するのが「陽宅風水」で、死者の墓所を選定するのが「陰宅風水」である。気の優れた土地に埋葬されることによって、祖霊はそこから子孫を見守る、守護する、という思想である。

秦始皇帝の墓陵も同様の思想で設計・建築されたものであることはよく知られているが、その始皇帝から特別の信任を受けていた方士・徐福であれば、当然ながらみずからの墓所の選定にも同じ手法・技術が用いられたと考えられる。それは、はるか後世に天海がおこなった「東照宮」という呪術と本質的に同じものである。

もしも私がそれをおこなうならば、さらに踏み込んで〝改葬〟まで指示しておくと思う。ちょうど、家康の遺骸を久能山から日光に改葬して総仕上げをおこなったように。つまり大宮の子孫を守護するためには、一度筑波山に埋葬し、その後富士山に改葬せよと遺命するだろう。——これで〝氷川風水〟は完成することになる。しかし氷川はそこまでおこなわれたかどうかは、わからない。

▼**筑波山神社**《つくばさん》（通称　筑波神社）茨城県つくば市筑波
【祭神】伊弉諾尊　伊弉册尊　加具土命

筑波山神社の祭神はイザナギ、イザナミの夫婦神と、その子・カグツチということになっている。

しかし実は、これは後世のこじつけだ。

筑波山は男体山と女体山の二峰が並立しているが、男体山本殿の祭神は元々は筑波男大神《つくばおのおおかみ》であって、また、女体山本殿の祭神は筑波女大神《つくばめのおおかみ》である。しかしこの神は日本神話に登場しない神であるため、それぞれイザナギ、イザナミのことを指すと後世勝手に解釈された。

初出は寛政年間、『常陸国二十八社考』で水戸藩の儒学者・青山延彝《のぶつね》が初めて唱えたもので、これに基づいて大正時代の宮司が定めたとされる。

しかし本来の神名である筑波男大神《つくばおのおおかみ》・筑波女大神《つくばめのおおかみ》は、言い換えたくなるのも無理もないかもしれない。なにしろ筑波という地名に性別が付いただけであるから、固有名詞とは考え難いと判断したのかもしれない。性別以外何も言っていないに等しいものだ。

しかしそれゆえに、この神名は重要である。たとえば富士山奥宮（山頂）に祀られる元々の神は

「富士大神」という名であるとすでに紹介した。「富士」が単純に地名であるとすれば、こちらもまったく同様に、何も言っていないに等しい、意味らしい意味のない名前ということになる。しかもこちらには性別もない。

ところがこれは、最も古い形の神名なのである。

記紀の日本神話に登場する神々の名は、その多くがいずれかの氏族の祖先である。そのことは記紀の成立が八世紀であることと深く関係している。『新撰姓氏録』（八一五年編纂）に各氏族の祖先神が示されているが、記紀の記載とリンクしている。姓氏録は「古代氏族名鑑」であるから、ここに氏族名や祖先神名が収載されていない者は、身分の低い者か、それより後世の渡来者ということになる（それ以前の渡来氏族はすべて収載されているので）。

ただし例外がある。姓氏録は、あくまでもヤマト朝廷の公式記録であって、当時の施政権下に組込まれている〝地域限定〟なのだ。八一五年当時、「ヤマト」という国家はどこからどこまでだったかを考えれば得心できるはずだが、西は九州全域が統治下にあったが、東は尾張辺りが限界で、まして関東は「東夷」の国であって〝異国〟であった。だから富士大神も筑波男大神も姓氏録の対象外なのである。

古社（『延喜式』以前から鎮座している神社）に祀られている神には、日本神話に登場しない神が少なからずあって、その理由は大きく三つに分類される。

一つは、縄文時代からの精霊信仰・自然信仰等に基づく神である。日本神話の神々の多くは弥生時代に特定の人物を投影した形で誕生したと思われるところから、これらの神々は投影されたであろう人物が存在しない神々、あるいは人物を特定できない神々である。

二つめは、ヤマト政権の統治下にない〝ヤマト国の外の国〟の神々である。渡来の神はもちろんだが、蝦夷《えぞ》や琉球の神もこれにあたる。

そして三つめは、一と二の相乗である。富士大神も筑波男大神も、これにあたる。富士山も筑波山も、ヤマト国が建国されるよりはるか以前から信仰されていたはずであるが、ヤマト国に組み込まれたのはだいぶ遅れてからのことになる。つまり、組み込まれる前に神話が完成してしまったのだ。

繁栄した都のゆくえ

すでに述べたように、大宮には、古代宮都であったという痕跡はまったく見られない。古代の遺跡らしい遺跡さえもほとんどないという地域である。

大宮から三〇キロほど北の行田市の稲荷山古墳は、鉄剣の「文字」の発見でいまでこそ有名であるが、その直前まで、誰もそれほど重要な遺跡だとは思っていなかった。稲荷山古墳という呼び名も、墳頂に小さなお稲荷さんが祀られていたので付いた通称で、名称として登録されていたようなものではない。地元では、「田んぼの中の山」ということで「田山」と呼ばれたり、姿形から「ひょうたん山」などとも呼ばれていて、それくらいありふれた風景として界隈に溶け込んでいた。そのために遺跡として保護されることもなく、一九三七年（昭和十二年）には、沼地干拓のための用土として前方部が完全に取り崩されてしまっている。しかもその跡地は田んぼにされてしまったため、一九六八年（昭和四十三年）に学術調査がおこなわれるまで「円墳」だと思われていたようなありさまだ。

稲荷山古墳は、古墳の多い埼玉県でも第二の規模の前方後円墳である。築造されたのは古墳時代後期、五世紀中頃と考えられている。記紀が編纂されるより二〇〇年近く古い時代である。

埋め立てられてしまっているので堀の規模は判然しないが、墳丘部の長さだけで一二〇メートル、後円部の直径が六二メートル、復元された前方部の幅が七四メートル。

そして注目すべきは、古墳の〝向き〟である。図のように、墳丘の中心軸は真っ直ぐに富士山を向いている。

五世紀の関東平野を想像してみてほしい。晴れた日には墳頂から、一〇〇キロメートル彼方の富士山を真正面に望むことができるだろう。

稲荷山古墳を含む「埼玉古墳群《さきたま》」は全国的に見ても有数の古墳群で、稲荷山はもちろんであるが、それよりさらに規模の大きな二子山古墳など、前方後円墳八基と大型円墳一基が現存している。かつてはその周囲に陪臣のものと考えられる小型の円墳三十五基、方墳一基もあったことがわかっているが、稲荷山の前方部を破壊した昭和の干拓事業で、これらはことごとく取り払われてしまった。まったくもって取り返しのつかない愚挙であって、なんとも残念なことだ。

古墳群の規模から考えて、この周囲のどこかに〝小国家〟ないしは〝地方政権〟が存在したことは確かであろう。周知のように、ヤマト政権については大規模な城郭遺跡が発掘されて研究が進んでおり、そしてその周囲には多くの大規模古墳が存在する。

それならば、埼玉古墳群に埋葬された王族たちの「国」がこの周囲のどこかにあったはずであろう。稲荷山古墳の一九六八年の学術調査で金錯銘鉄剣《きんさくめいてつけん》（稲荷山鉄剣）が発掘され、大事件となったが、このような副葬品は際立った「王族」以外にありえない。しかも、全長一〇〇メートルを超える巨大な前方後円墳がいくつも存在するということは、その政権が何代も続いたことを示している。

にもかかわらず、その痕跡はこれまでのところまったく発見されていない。

金錯銘鉄剣《きんさくめいてつけん》には、表面に五七、裏面に五八、合わせて一一五文字が刻まれており、そこにはワカタケル大王（雄略天皇）に仕えたヲワケの功績などが記されており、古代史の第一級資料の一つとなっている（一九八三年、国宝に指定）。これにより、少なくとも稲荷山古墳の被葬者は大王《おおきみ》（天皇）に直属の人物であったことがわかる。関東圏の支配統治を委任されていたということで、五世紀という時代から考えて、皇子を含む王族か、それに匹敵する力を持った地方豪族であろうと思われる。そしてそれだけの政権があったということは、政庁があり町があったということである。しかも生半可な規模ではない。なにしろ、前方後円墳を築造するだけのマン・パワーが前提となるのであるから。

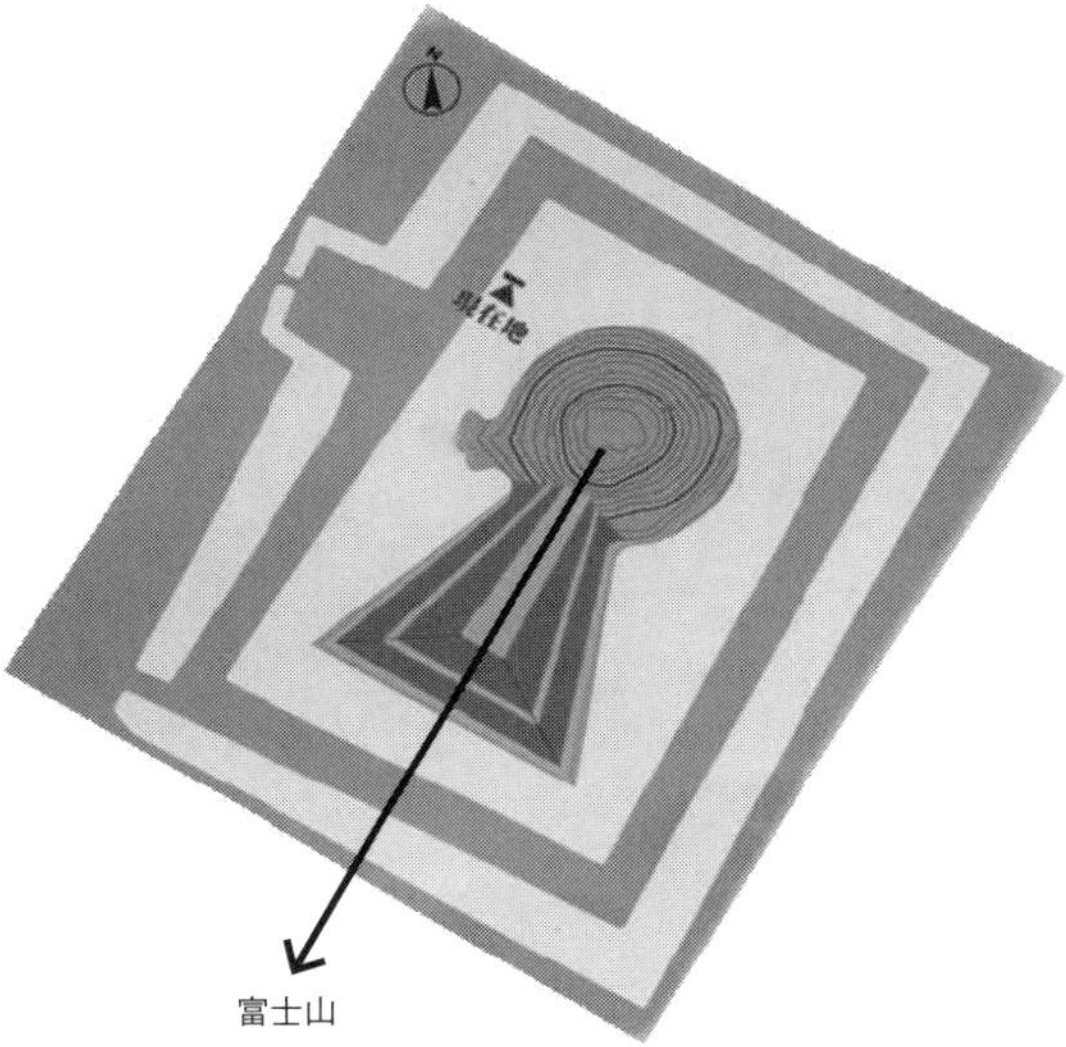

稲荷山古墳

はたして、それらはいったいどこにあったのか。なぜ見当たらないのか。

多くの古墳を潰してしまう土地柄であるから、それらの遺跡や遺構も同じように取り払って田畑にしてしまったのか。それとも、関東ローム層の下に眠っているのか。「ポンペイの遺跡」のように。

これればかりは発掘しない限り、まったくわからない。ただわかっているのは、「どこかにあった」ということだけである。

そして、古墳の墳丘部から前方部正面一〇〇キロメートル彼方に、富士山を真正面に望むことができるという事実だけが厳然として残っている。彼らはすでにそれだけの測量技術や土木技術を持っていたのである。

ちなみに、関東ローム層とは、関東平野に積もっている火山灰の総称である。関東地方の西南縁には富士山・箱根山・愛鷹山などの火山があり、また西北縁には草津白根山・浅間山・榛名山・赤城山・男体山などの火山が聳えている。これらの火山はたびたび噴火を繰り返しているが、その特に大規模な噴火では大量の火山灰が関東平野に降りそそぎ堆積してきている。関東平野はそれらの火山灰でできている。そして古来多くの生活遺跡がその下に埋もれている。

なお、関東ローム層という呼称は、一八八一年にダーフィト・ブラウンスが〝成因不明〟のままに命名したもので、その後、少なからぬ人たちによって研究されているが、成り立ちは複雑で、また広範囲であり、すでにその上に街が形成されているため実態の解明にはほど遠い状況である。

しかしこの関東ローム層の下のどこかに、古代都市が埋もれている可能性はきわめて高い。真相の解明には、大規模な再開発がおこなわれて、都市遺跡が偶然発見されるまで待たなければならないかもしれないが——。

前章で紹介した『史記』の一節、徐福（徐市）一団の消息の最終行にこうあった。

「しかし徐福は、平原広沢（平たい原野と広大な湿地）を得て彼の地にとどまり、みずから王となって、戻らなかった。」

これこそは、関東平野と見沼のことではないかと私は考えている。大宮の東側一帯に広がっていた見沼は、古代には、約一三平方キロメートル（一三〇〇ヘクタール）もの面積があった。諏訪湖とほぼ同じ面積で、関東一の湖沼であった。現在は荒川は大宮の西側を流れているが、古代には東側を流れていて、その河畔・河川敷として自然に発生した沼沢地である。荒川の規模が大きく、またこの界隈が平野地であったことで稀に見る広大な湿地帯が出現した。しかも原野を耕して水を引かなければならない〝水田開発〟とは異なり、浅い沼地であるゆえに、水稲耕作に適していた。実際に、そのほぼすべてが江戸時代までに開拓されて水田となり、「見沼田んぼ」と呼ばれて現在に至っている（一部は住宅地になっている）。

見沼は現在ではほぼすべてが埋め立てられて消滅してしまったが、その痕跡は広大な水田地帯と公園として整備されて垣間見ることはできる。その公園の中心の丘の上にたたずむのが氷川女体神社である。

機会があればぜひ、境内入り口から眼下に広がる〝見沼〟を遠望してみてほしい。かつてここから見沼一帯を眺めていた〝古代の王〟がいたのだと思いを馳せながら。スサノヲが建国し、その子のオオクニヌシが「譲り渡した国」は、武蔵を中心とする関東の国ではなかったのかと思わせられることだろう。もしかすると見沼とは、元は「御沼《みぬま》」であったのかもしれない。

ところで、もし徐福が関東で国を拓いたとするならば、古代シナ皇帝の即位儀式たる封禅《ほうぜん》と郊祀《こうし》をどこでおこなったのであろうか。地理風水では大宮の祖山は富士山である。したがって、封禅をおこなうのであれば富士山を措いて他にはない。富士山頂で天を祀り（封）、その麓で地を祀った（禅）

と考えられる。そしてこれが富士山本宮の奥宮と山宮の発祥であるだろう。また郊祀は、大宮の南南東郊外の見沼を見下ろす丘の上でおこなわれたのではないだろうか。ここは冬至の日の出を正面に望む場所であって、それが現在の氷川女体神社の発祥ではないか。かつてはここに天壇が設けられていたのではないかと私は推察している。もし富士山山頂で封禅をおこなったのであれば、徐福は大いに自信を持ったのではないだろうか。「始皇帝は泰山でおこなったが、私は蓬萊山でおこなった」と。

なお「フジ・サン」はやまとことばではない。漢語であり漢音である。ということは、縄文人が古来「アサマヤマ」と呼んでいた山を、何者かが「フジサン（ヤマ）」と呼び替えたことになるだろう。そもそも「富士」という表記は好字令によって選ばれた吉字であるから、「フジ」という発音がすでにあって、後から別の漢字を当てたものであろう。

方士徐福が、不老不死の霊薬を目指してやってきた蓬萊山。それが「アサマ」山と呼ばれていたとしても、意味としては「不老」か「不死」の山として認識し、それを呼び名としたのかもしれない。「火山」を体現する「アサマ神」は、なぜか日本神話に登場しない。火山国である日本にこれほど象徴的な神はないはずなのに。この国で大自然の脅威というならば、「噴火」を措いて他にないだろう。地震も、噴火と直結しているが、目に見える脅威として「噴火」はより一層ダイナミックな自然現象として際立っている。大噴火すれば、その噴煙は天まで届くかのようで、真っ赤な溶岩流はあらゆるものを焼き尽くし、人間の非力さをいやというほど知らしめてくれる。古代人は、これこそ「神の力」だと思ったことだろう。

記紀と同時代の貴重な古文献である『万葉集』（七五九年頃成立）は、山部赤人《やまべのあかひと》の「不盡山《ふじさん》を望む歌」を録している。

天地之分時従《あめつちのわかれしときゆ》　神左備手高貴寸《かむさびてたかくたふとき》　駿河有布士能高嶺乎《するがなるふじのたかねを》　天原振放見者《あまのはらふりさけみれば》　度日之《わたるひの》　陰毛隠比《かげもかくらひ》　照月乃《てるつきの》
光毛不見《ひかりもみえず》　白雲母《しらくもも》　伊去波伐加利《いゆきはばかり》　時自久曾《ときじくぞ》　雪者落家留《ゆきはふりける》　語告《かたりつぎ》　言継将往《いひつぎゆかむ》　不盡能高嶺者《ふじのたかねは》

その意味は、
天地が分かれた時から、神々しく、高く貴い駿河の富士の高嶺を天空はるかに仰ぎ見ると、空を渡る太陽の光も隠れ、照り輝く月の光も見えず、白雲も進みかね、しきりに雪が降っている。これからも語り継ぎ、言い伝えていこう。この富士の高嶺を。

反歌
田兒之浦従《たごのうらゆ》　打出而見者《うちいでてみれば》　真白衣《ましろにぞ》　不盡能高嶺爾《ふじのたかねに》　雪波零家留《ゆきはふりける》

赤人は「布士《ふじ》」「不盡《ふじ》」という字を用いている。

これは万葉仮名《まんようかな》であるから、どちらも当て字であって、「フジ」という音にこそ意味がある。この歌は、山部赤人の没年が七三六年（天平八年）とされているので、少なくともその数年前であろうと思われる。現代であれば富士山の描写は「美しい」という形容におおむね収斂されるだろうが、この赤人の歌は、ご覧のようにそうではない。

「太陽の光も隠れ、照り輝く月の光も見えず」

というのは、富士山の噴煙がそれほどにすさまじいという意味である。しかもそれが「神々しく、高く貴い」と讃えている。日本最大の活火山を「神の山」として描写している。

さて、この「神」にふさわしいのは誰であろうか。

赤人が歌うように「天地が分かれた時から」つまり古来日本人は富士山を畏れ敬ってきたのは明らかで、藤原不比等がいくら記録から消し去ろうとしても、実在する富士山を消すことはできない。と同時に、その「神」も消すことはできないだろう。

であるならば「アサマ神＝フジ神」は、しかるべき神名で日本神話に登場しているのではないか。不比等によって、その神名と富士山との関係こそは消されてしまったが、存在としてふさわしい神がいるのではないか。

全国の霊山にはそれぞれ「しかるべき神」が依《よ》り坐《ま》している。にもかかわらず、最大の火山である富士山は——阿蘇山も——具体的な「神名」が見えない。「アサマ神」という抽象的な名詞のみはかろうじて残っているが、そこまでである。

しかし日本神話をよく見てみると、最大の火山にふさわしい神が登場している。荒ぶる神、スサノヲである。高天原を去ろうとする時に、アマテラスへ挨拶に訪れるが、その様は、「山も川もことごとく鳴動し、国土すべてが震動した」と『古事記』に記されている。これは「大地震」の描写以外のなにものでもないだろう。最大級の地震は巨大な火山の噴火にともなうものである。

アラハバキとは何者か

氷川神社は、もとからスサノヲの王宮であったものではない。境内に配祀されている門客人《もんきやくじん》神社に祀られている祭神こそが元々のこの地の土着神であって、スサノヲはその神に言ってみれば〝背乗《はいの》り〟したものである。

▼門客人《もんきゃくじん》神社（氷川神社境内社）埼玉県さいたま市大宮区高鼻町一-四〇七
【祭神】足摩乳命《あしなづち》　手摩乳命《てなづち》

祭神は公式には右のように登録されているが、これは近年に変更されたものである。アシナヅチ、テナヅチはクシナダの父母であるから、スサノヲの義父母ということになるので、意図的にスサノヲと関連付けたものであろう。

しかし当社の伝承でも元々はアラハバキが祭神であって、名称もアラハバキ神社であった。そもそもは氷川の主体がスサノヲとなった際に、もとからの地主神であるアラハバキを「客神」として遇することによって敬して遠ざけたものであろう。

すなわち「客人神」とは、ヤマト政権が征服の過程で統合吸収した土着神のことである。本来は必ずしも特定の神を指すものではなく、一種の代名詞であって、土着神を、意図的に「客人」扱いすることによって、それを貶めることなく、しかし主体はヤマトになったのだということを告知する表現であるだろう。

氷川神社では、それをさらに「門客人」とすることによって、〝門番〟の神という位置付けにして、主従関係を宣言していると考えられる。さながら、鹿児島の隼人族が、服従した後は宮殿の守備兵とされたように。本来ならばこの地の「主」であるはずの神を、「客」と遇することによって、相手を立てつつもみずからの立場を「上位」に置こうという姑息な手法である。

この後、埼玉地域を中心に関東各地に氷川神社は分祀勧請されるが、門客人神社もセットで勧請されたものが少なからず存在し、その場合の門客人神はいうまでもなくすべて同一の神である。つまり、氷川神社の摂社末社たる門客人神社は、すべてアラハバキ神である（埼玉県内に七社余鎮座）。たとえば次の二社も、神社本庁登録の祭神名にアラハバキは見当たらないが、本来はアラハバキ社であろう。

▼門客人社《まろうどしゃ》（大谷場《おおやば》氷川神社境内社）埼玉県さいたま市南区南本町
【祭神】不明

▼門客人社《まろうどしゃ》（氷川社境内社）埼玉県さいたま市西区宮前町
【祭神】足名槌命《あしなづちのみこと》（配祀）手名槌命《てなづちのみこと》

なお、出雲のお膝元である宍道《しんじ》に鎮座する氷川神社は、祭神として客大明神という神が合祀されているが、これもおそらくアラハバキであるだろう。祭神名が列挙される中にあって唯一代名詞であるのが異様であるが、朝廷への遠慮であろうか。

▼氷川《ひかわ》神社（通称　祇園《ぎおん》社・宍道《しんじ》社）島根県松江市宍道町宍道
【祭神】須佐之男命　櫛稲田姫命　天忍穂耳命　天穂日命　天津日子根命　活津日子根命　熊野久須比命　多起理姫命　市杵嶋媛命　多岐都姫命　（合祀）大己貴命　事代主命　**客大明神**　大日孁貴尊

また、社名そのものに「アラハバキ」を掲げている神社は今回確認されたものだけで、東日本に二十数社鎮座しているが、こちらは次のように社名にアラハバキを残しつつも、祭神を変えてしまっている。

▼荒脛巾《あらはばき》神社　福島県会津若松市湊町大字赤井字赤井
【祭神】鹽椎神《しおつちのかみ》
▼荒波々伎《あらははき》神社（二宮神社境内社）東京都秋川市二宮
【祭神】櫛磐窗命《くしいわまどのみこと》
▼荒羽々気《あらはばき》神社（三河国一宮・砥鹿《とが》神社境内社）愛知県豊川市一宮町西垣内
【祭神】大己貴命《おおなむちのみことのあらみたま》　荒魂

鹽椎神は、別名塩土老翁《しおつちのおじ》。鹽竈《しおがま》神社（陸奥国一宮）の祭神で、潮流を司る神である。東北地方に特有の神で、アラハバキに代えて祭神としたのは〝土着〟への敬意であろうか。

櫛磐窓命《くしいわまど》とは門を司る神であるから、門客人神を置き代えたものであろう。

大己貴命《おおなむちのみことのあらみたま》　荒魂は、荒羽々気《あらはばき》を名乗りながら出雲の土着神に代えていることで〝隠れた〟こととしているのであろうか。

いずれも、ヤマト政権への遠慮か指示か不明であるが、古き神は多少の痕跡は残しつつも、表舞台からは消し去られた。

さてそれでは「アラハバキ」とは、いかなる神であろうか。記紀にはもちろん風土記にも登場しない神名であるが、まぎれもなくそれ以前より信仰されている古き神である。戦後に創作された偽書『東日流《つがる》外三郡誌《そとさんぐんし》』によって、誤った概念やイメージが拡散してしまったために、まともな研究が日の目を見なくなってしまったが、そういう呼び名の古き神が東国全域で信仰されていたことは間違いない。すなわちこれは、「縄文の神」であろう。

関東を開拓しようとしたスサノヲは、この土着神に着目した。おそらく消された神はアラハバキ以外にも少なからずあったはずであるが、アラハバキを選んだということは、その神格がスサノヲと通底するものがあったのではないかと思われる。それを私は「鉄」由来ではなかったかと考えている。

氷川は「火の川」

氷川神社の本宮は、元は火王子社であったのではないか。

氷川社家の系譜には、兄多毛比命《えたけひのみこと》が成務天皇五年（一三五年）、无邪志《むさし》国造を賜り、足立郡足立府に依拠して、氷川神の祭主となったとある。兄多毛比命は大多毛比《おおたもひ》命、兄多気比命の別名で、現在まで続く氷川神社社家の東角井《ひがしつのい》・西角井《にしつのい》両家の遠祖である。

系譜に記載された年号をそのまま信ずるかはともかくとしても、相当早い段階で国造家（すでに国造は廃止されていたが）が祭主となったことは確かであろう。全国各地でも、国造家が主な一宮の祭主となったのと時期も含めて軌を一にしている。尾張氏（熱田神宮）や海部《あまべ》氏（籠《この》神社）が渡来の氏族であることも、ムサシ国造家の性格を判断する材料の一助になりそうである。

「延喜式神名帳」では氷川社は一座となっているが、確認できる限りではすでに中世には四社になっており、男体社（岩井家）、女体社（角井家）、簸王子社《ひおうじ》（内倉家）、門客人社（出水家）であった。しかし出水家が禁制を犯して追放されて、国造家は三家鼎立となるが、その後岩井、内倉の子孫が絶えたため、角井家がすべての祭主となって現代に続いている。

このうち注目すべきは簸王子社で、祭主であった内倉家は「簸王子社が本社である」との説を主張し、繰り返し寺社奉行に提訴していたが、裁許を待たずに病死したことで三社同格のままとなったものである。

その後、男体社は氷川神社、女体社は氷川女体神社、簸王子社は中山神社（中氷川神社）と名称は改められている。

なお社名の「氷川」が出雲の「簸川《ひかわ》」（現・斐伊川《ひいかわ》）に由来するという説もあるが、本書はこれを採らない。「ひ」は「火」である。よって、簸王子社は「火王子社」が本来の意味表記であろう。当社の中心祭祀は鎮火祭であり、境内に御火塚を祀ることからも「火」に深い関わりのあることは確かであろう。「王子」は本宮のスサノヲ、女体宮のクシナダに対して当社祭神のオオナムチが子に当たることから称されたものか。

▼中山神社（別名　中氷川《なかひかわ》神社・簸王子社）埼玉県さいたま市見沼区中川

【祭神】稲田姫命　素盞嗚命　大己貴命　（合祀）菅原道真　譽田別命　倉稲魂命　建御名方命
下照姫命　市杵嶋姫命　湍津姫命　田霧姫命　大日孁貴命　天照大御神　大山祇命　國常立命
天御中主命　菊理姫命

また当社は右のように祭神を列挙しているが、最も古い伝承によれば元々は火軻遇突智《ひのかぐつち》神を祀るものである。この神は「火の神」であり、『古事記』では火之迦具土《かぐつち》、『日本書紀』では軻遇突智《かぐつち》、または火産霊《ほむすび》と表記される。

境内に摂社として荒脛《あらはばき》神社を祀っているところからも、本宮と同様にこの聖地を獲得したものであるだろう。当社は冬至の際に本宮（男体社）と女体社を日の出のラインが一直線につなぐ時、そのライン上の真ん中に位置する。神社の高台から眺める湿原が、冬至の朝日に照り輝く様子は、さながら巨大な炎が大地を這うかのような光景であったのかもしれない。

アラハバキ神が「火」に所縁《ゆかり》のある神であろうと考えるのは、次に示すいくつかの神社の祭祀状況からも推察される。

▼荒祖《あらはばき》 神社　福島県会津若松市町北町大字中沢字平沢
【祭神】金山比古命　金山比賣命

▼金峰《きんぽう》神社　秋田県横手市雄物川町大沢上法寺
【祭神】金山毘古神　金山毘賣神　荒羽々岐神《あらはばきのかみ》　安閑天皇

ともに祀られている金山毘古神・金山毘賣神は製鉄の神である。
神産み神話で、イザナミが火の神カグツチを産んだためにホトを火傷《やけど》し、苦しんでいる時に吐いた嘔吐《たぐり》物から化生した神である。
銅や鉄などの金属を溶融した状態や、火山の溶岩が流れ出る状態が、嘔吐物に似ていることからの連想ともされるが、神名自体に「金」が用いられていることから、意味は後付けではなく当初からのものであろうと考えられる。

▼荒羽祇神社《あらはぎ》（通称　ららはぎの観音様）秋田県仙北郡美郷町安城寺《あんじょうじ》字柳原
【祭神】火産靈神《ほむすびのかみ》

こちらは文字通り、火の神である。火産霊《ほむすび》とは、火を産み出すとの意味を体現する神名であり、軻遇突智《かぐつち》の別名でもある。金属の神と、火の神との複合は、たたらの火、すなわち「製鉄」を導き出す。

アラハバキが個人名だと考えるならば、その独特の音感（類似の名前は他に例を見ない）から、様々なイメージが生まれることになるだろう。そのために様々な空想が流布することになった。しかしこれは個人名ではないのだ。組み合わせが生んだ誤解である。

日本語の基本構造から解体すると、「アラ」＋「ハバキ」であるから、「アラ」は荒、新などの冠詞であって、「ハバキ」に意味が込められていると考えるのが通例である。

そして猟師が用いる脛《すね》当てを「ハバキ」と称するところから、これを語源とするのが通説となっている。別の漢字で表すならば、さしずめ「羽履き」であろうか。アラハバキに荒脛巾と「脛」の字が当てられているのはそういった解釈が古くからおこなわれていたことを示しているだろう。

しかし脛当てが神として崇められるという理屈には説得力がない。狩猟にはいくつかの道具が必要であったろうが、もし神の依り代として選ぶならば、優先順位の上位は鏃《やじり》や刃物になるはずで、脛当ては下位になるだろう。

しかし、もしアラハバキが刃物の名前であるとするなら、その体現するところの漢字表記は、既存の表記のいくつかに見られるような、「荒」+「羽々」+「岐」は、実は的確な表現であるやもしれない。さしずめ十文字槍の穂先か、七支刀の先端部分のような形態の、二叉《ふたまた》以上に分岐した刃物を指すのではないか。刃先が鳥の羽のように羽ばたくとの連想から名付けたものではないだろうか。であるとすれば、まさに「依り代としての剣」の名称にふさわしい。

ちなみにイザナギがカグツチを斬り殺した剣の別名は天之尾羽張《あめのおはばり》、または伊都之尾羽張《いつのおはばり》という。これも鳥の尾羽のように刃が張っている剣という意味であろう。

なお金偏に祖と記す「鈤《はばき》」説もあるのだが、こちらはむしろ後発であるから、アラハバキが製鉄に関わる神であったことから、刀剣の要ともいうべき部分を指して「神」と称したのが語源ではないかと考えている。「鈤」という文字は漢字ではなく国字であるのも、そういった歴史的由来を想像させる。

さてここで閑話休題。――読者諸兄姉に問いたい。きみは骨壺に入りたいか、と。日本人であれば、死ねば火葬されて（例外もあるが）、粉々の骨片となり、骨壺に収納される。そしてその骨壺は、墓石の下の空洞――カロウト（唐櫃）という――に納められて、以後永遠にそのままとなる。そこは、いつも湿っていて、真っ暗闇だ。その暗闇の中の、さらに骨壺という密閉容器に押し込められて、もう誰も開くことがない。これはまるで、祟りなすものを封印するかのようではないか。でもそれが、現在の大多数の日本人が最後にたどり着く姿である。――そんなの、私は、ごめんだな。

話を戻そう。スサノヲの活躍した時代には死後の栄華を夢見て壮大な墳墓が築造された。秦始皇帝陵は地下に水銀の海を作り、豪奢な玄室をその中央に置いた。その数百年後にはヤマトでも、前方後円墳を代表とする様々な巨大古墳が築造された。葬儀の様式は突然変わるものではなく、多少の変化は加えつつも、基本的にはその様式は継承される。墓地墓陵の様式においても同様である。

わが国においては、それがある時期に劇的に変化した。とくに統治者およびその関係者の墓陵は、突然変異とも言えるほどに一変した。それが大規模墳墓の出現である。三世紀半ば頃から始まる古墳時代である。

縄文時代　紀元前一万五〇〇〇年～紀元前三世紀前半
弥生時代　紀元前六世紀～三世紀前半
古墳時代　三世紀後半～七世紀後半

わが国の時代区分を定説に従って遡ると右のようになるのだが、葬儀墳墓の様式では縄文時代から弥生時代に移っても、さほど大きな変化はない。つまり縄文人と弥生人は文化的に連続あるいは継続していたと考えられる。

ところが、弥生時代から古墳時代は、さながら民族的な断絶があったかの如く、墓制に劇的な変化があったのだ。少なくとも、支配者層の墓制には、縄文時代から弥生時代に移り変わる際には、それまでほとんど見られなかったような根源的な変化があったということである。

ここに示したいくつかの神社は、「アラハバキの墓」であろうと私は考えている。アラハバキは特定の人物を指すものではなく、地域の族長か首長といった立場の者であったのではないだろうか。その者を、象徴的に剣の名で呼んだのではないだろうか。いわば、アラハバキは、族長首長の代名詞でもあったのだろう。そしてついには守護神の名となった。

アラハバキ神社の特に古いものは、それぞれの墓として祀られ、子孫を守護するものとして信仰されていたのではないかと私は推測している。縄文の集落が限られた規模であったことからの推測である。ただし、本来の形態形式がそのままであった訳ではなく、後に改葬されてヤマト方式の神社となったものであるだろう。ヤマトの神々は巨大な墳墓に埋葬されたが、それ以前の（縄文の）神々は、思いのほか質素な墓に埋葬されている。

なおアラハバキについては、まだまだ不明不詳な点が多く、どこまで解明できるのか判然しないが、今後のさらなる研究が求められる。


（＊本章前半は、昨年末に刊行した『古事記はなぜ富士を記述しなかったか』より一部を抜粋転載し改稿加筆したものである。したがって重複する部分もあるが、より発展的な論述とした。）

第5章【大和篇】

オオクニヌシに国譲りしたスサノヲ……イヅモ族の発祥

スサノヲが献上した〝草薙剣《くさなぎのつるぎ》〟

三種の神器の一つである草薙剣は、スサノヲがアマテラスへ献上したものであると記紀に記されている。私はこの記述を以て、日本に最初に鉄をもたらしたのはスサノヲであるとの暗喩《メタファ》であると解釈している。

「天皇の神器は国産でなければならない」という不文律があって（＊詳論は拙著『三種の神器』参照）、したがって草薙剣も日本国内で鍛造されたものでなければ神器の資格はない。

ところが草薙剣を神体とする熱田神宮に伝わる実見記録によれば、熱田の剣は渡来の銅剣（両刃）であって、これが草薙剣であるとしている。しかし草薙剣の前身である天叢雲剣《あめのむらくものつるぎ》は、出雲由来であるから「鉄製」であると思われる。「むらくも」は鍛造鉄刀に特有の刃紋であろうし、そもそもスサノヲがこれを発見した時のくだりを思い出していただきたい。

「かれ、その中の尾を切りたまいし時に、御刀《みはかし》の刃《は》毀《か》けき。しかして、あやしと思ほし、御刀の前《さき》もちて刺し割きて見そこなはせば、都牟羽《つむは》の大刀《たち》あり。かれ、この大刀を取り、異《け》しき物と思ほして、天照大御神に白し上げたまひき。こは草なぎの大刀ぞ。」（『古事記』本文）

スサノヲがヤマタノオロチの尾を切った時、スサノヲの刀の刃が欠けたというのだ。これは、スサノヲの佩刀よりも草薙剣のほうが硬度が高いと言っているわけである。単純に考えて、銅剣対鉄刀で打ち合えば、必ず銅剣の刃が欠ける。鋳造された銅剣と、鍛造された鉄刀では硬度がまるで違うからだ。

すなわち、天叢雲剣は鉄刀である。それもかなりの硬度を持つところから、出雲の玉鋼《たまはがね》を日本式に鍛造したものであるだろう。繰り返し折りたたみ、打ち延ばしていく日本刀独特の鍛造による「千枚《せんまい》鋼《はがね》」という構造の刀剣こそは、天叢雲剣であるだろう。

そして鉄刀ならではの「叢雲」の刃紋があった。それを見出したスサノヲは「都牟羽《つむは》の大刀《たち》あり」と述べている。それは「稲穂を刈り取るための大きな刃物」という意味で、それはすなわち「鎌」に似た大刀、内反り鉄刀のことであろう。

だから、スサノヲは「異《け》しき物と思ほして（珍しいものと思って）」アマテラスに献上するのだ。しかも「草なぎの大刀」と名付けて。——すなわち発見の段階から、草薙剣はすでに草薙剣と呼ばれていたはずであって、名付け親は発見者・スサノヲであるだろう（後年、ヤマトタケルの逸話にちなんで名付けられるという由来は架空譚）。

これに対して、スサノヲの佩刀《はいとう》・十握剣《とつかのつるぎ》は、いわば「勝者の剣」であり、ヤマタノオロチの体内刀・天叢雲剣は対するに「敗者の剣」である。

「敗者」は怨霊神・御霊神《ごりょうしん》となって、畏敬を込めて手篤く祀《まつ》れば強力な守護神となる。さもなければ、祟る。そしてこの場合の「敗者」を象徴的に体現する者の佩刀こそが、天叢雲剣ということになる。

ヤマタノオロチを「部族連合」の比喩ととらえると、その首長の剣ということになるだろう。連合体の中心地は大和であるとすれば、オオクニヌシ（オオナムジ）こそがヤマトの首長であり、天叢雲剣とはオオクニヌシの佩刀であるということになる。

その後「国譲り」という美化された政権移動があって、オオクニヌシの霊威は出雲へ遷《うつ》されて封印され、剣はオオモノヌシとして祀られた。それゆえに、オオモノヌシは「オオクニヌシの異称」や「オオクニヌシの幸魂奇魂《さきみたまくしみたま》」などとも称されている。

記紀の崇神《すじん》天皇の条に、災厄が多いので占ったところ、オオモノヌシの祟りであって、その子孫である大田田根子《おおたたねこ》に祀らせよとの神託があり、祀らせて鎮まったとある。これが現在に続く大神《おおみわ》神社である。

▼大神神社《おおみわじんじゃ》（通称　三輪明神、三輪さん）奈良県桜井市三輪一四二二
【祭神】大物主大神　（配祀）大己貴神《おおなむぢのおおかみ》　少彦名神《すくなひこなのかみ》

つまり、天叢雲剣＝草薙剣は、祟り神の依り代ということになる。そしてこの剣は鎮座地を求めて各地を流転し、ついに伊勢の地に鏡とともに一度は納められるが、皆さんご存じのようにこの後、ヤマトタケルに下賜《かし》されることとなる。

ヤマトタケルの事績については、あまりにも有名であるが要約すると、その父・景行天皇より命じられて熊襲《くまそ》を討ち、戻る間もなく今度は東夷の征討を命じられる。この時、なぜか本来のルートから大きく外れて伊勢神宮へとおもむき、そこで叔母の倭姫命《やまとひめのみこと》から天叢雲剣《あめのむらくものつるぎ》（当然ながら、この時点ではまだ草薙剣という呼び名になっていないことになっている）を授けられ、それを携えて東国へ出征したと記される。誰もが知るこのくだりは、三種の神器の一つである草薙剣の由来を伝えるものであって、重要なものだ。

ところでもし、この時ヤマトタケルが受け取るという手続きがなかったと考えてみよう。そうすると、剣は熱田へ行かない。つまり、鏡とともに伊勢神宮にそのまま鎮座していたことになる。そして剣の名も草薙剣になることはなく、天叢雲剣のままということになる。

しかし剣は、ヤマトタケルの佩刀として東国へ向かい、草薙剣になった。

あえて言うが、このエピソードは、決して読み流してはならない。この記述には、二つの重大な意味・事実が示されているのだ。

一つは、三種の神器のうち八咫鏡《やたのかがみ》と天叢雲剣が、それまで伊勢神宮にあったこと。

一つは、倭姫命によって天叢雲剣がヤマトタケルに授与された、ということ。

この二つの事実が示す意味は、重い。

まず第一の事柄について解き明かそう。

第十代・崇神天皇の時、八咫鏡と天叢雲剣が祟りを為したので、皇居の外に祀ることとした。奉仕したのは皇女・豊鍬入姫命《とよすきいりひめのみこと》である。その後、奉仕の役目は豊鍬入姫命から倭姫命へと引き継がれる。

倭姫命は、第十一代垂仁天皇の第四皇女。三種の神器にふさわしい鎮座地を求めて遷御をおこない、最終的に伊勢の地に御鎮座となる。これがいわゆる伊勢神宮である。正しくは皇大神宮（内宮）と豊受大神宮（外宮）。両宮を総称して神宮とのみ称するのが正式である。

そして倭姫命は初代の斎宮となった。つまり伊勢神宮のトップであり、天皇の名代であり、国家の宗教的権威の象徴である。

その名代たる倭姫命からヤマトタケルに下賜されたという第二の事柄にも重大な意味が込められている。初代斎宮が奉仕する神は、もともと宮中で祀られていて、天皇の宗教的権威を保証する神であり、皇女が伊勢斎王（斎宮）として奉仕して鎮めなければならないほどの畏るべき神威の神であった。八咫鏡は皇祖神アマテラスの御霊代《みたましろ》であり、天叢雲剣はオオクニヌシの御霊代である。伊勢神宮創建の際には、まぎれもなくこの二柱の神が祀られており、この「二神」に奉仕していたということになる。まだ勾玉はないが、これが皇統の保証たる「二種の神器」である。

そしてそのうちの一種がヤマトタケルに下賜された。これは、まぎれもない皇位継承の儀式である。無事に帰還すれば、次期天皇としての玉座が待っているはずであったのだ。

これは私の独断ではない。『常陸国風土記』に「倭武天皇」という記載があって、「倭武」はヤマトタケルと訓む。ヤマトタケル（日本武尊、倭建命）が天皇になったという記録は他の史書・記録にはまったく存在しないのはもちろん、歴代天皇にカウントされていないのは言うまでもない。しかし『常陸国風土記』の記述では皇位に就いたとされるのだ。すなわち、神剣を継承した時点で皇位に就いたと解釈したのが『常陸国風土記』であって、記紀等の他の史書ではまだ就いていなかったと解釈しているのであるだろう。

三種の神器の一つである草薙剣は、現在ではスサノヲの依り代ということになっている。

しかし由来を考えると、十握剣がスサノヲの依り代であれば合点が行くが、草薙剣（天叢雲剣）だとすると理屈に合わない。

スサノヲがヤマタノオロチを退治した際に、その尾から出て来たとしているが、それならばオロチ退治を成し遂げた十握剣こそがスサノヲの依り代として祀られるべきであるだろう。

スサノヲの佩刀《はいとう》・十握剣《とつかのつるぎ》は「勝者の剣」であり、ヤマタノオロチの体内刀・天叢雲剣は「敗者の剣」である。だからこそ天叢雲剣は怨霊神となって、崇神天皇の御代に祟りを為した。敗者が祟るのであって、勝者のスサノヲが祟る謂われはないだろう。

韴霊《フツノミタマノツルギ》剣の謎

さてそれではスサノヲの佩刀である十握剣はどうなったのだろうか。本来、アマテラス、ツクヨミ、スサノヲを「三貴子」と讃えて、三種の神器もその三神を体現するのであれば、鏡・勾玉・剣の三種はこの三神に対応するのが自然の成り行きというものであろう。ところが、すでに右に記したように、少なくとも「剣」はスサノヲに対応していない。スサノヲが成敗した何者かから奪い取ったものである。なのに何故か、それが「神器」の一つとなっているのだ。

実はスサノヲみずからの佩刀である「十握剣」については『古事記』にはその消息が書かれていない。

しかし『日本書紀』には、「十握剣は石上神宮に納められた」と記されている。石上神宮の布都斯《ふつし》魂《みたまのおおかみ》大神がそれである。

▼石上神宮《いそのかみじんぐう》　奈良県天理市布留町三八四
【祭神】布都御魂大神《ふつのみたまのおおかみ》（配祀）布留御魂大神《ふるのみたまのおおかみ》　布都斯魂大神《ふつしみたまのおおかみ》　宇麻志麻治命《うましまじのみこと》　五十瓊敷命《いにしきのみこと》　白河天皇　市川臣命《いちかわのおみのみこと》

布都御魂《ふつのみたま》＝師霊剣《ふつのみたまのつるぎ》とは、証言によれば、内反りの剣であるという。

布留山《ふるやま》の麓の禁足地に埋納されていた師霊剣は、明治七年（一八七四年）、大宮司であった菅政友《かんまさとも》によって掘り出され、本殿に御神体として奉安された。その際に、刀工に依頼して複製も作られた。またこの時、小宮司であったのが、後に文人画家として有名になる富岡鉄斎《とみおかてつさい》である。まだ三〇代であったが、すでに万巻の書を読み、古今の学問に造詣深く、さらに書画をよくした。そして彼は、境内の榊の木を用いて、木製の写しを製作している。さしずめ「鉄斎の木彫」ということになる。美術工芸的価値もあるので、ぜひ展示していただきたいものだ。

これらの発掘図、複製、木刀からわかるが、師霊剣はまぎれもなく〝内反り〟である。日本刀は一般に刃を外に背を内に反らせているが、師霊剣はこれとは逆に刃を内にして湾曲したものである。つまりは「鎌」や「斧」のタイプである。柄頭に環頭の付いた形状で、全長約八五センチメートルという。

ちなみに内反りの剣は、実戦では役に立たないとする意見もある。武器としての鎌はその形状から突く、切る、といった攻撃が薙刀《なぎなた》などの一部の長柄以外出来ないこと、薙ぐ場合も手前に引く動作が必要となるために、手の届く距離の半分程度しか有効間合いにならない、突き立てるように使う場合も射程が致命的に短いことが欠点としてあげられる。日常の道具として生まれた鎌や斧では戦闘のためだけに特化された剣や槍には勝てないとされる。

正倉院御物に「刀子《とうす》」というものがある。小型のナイフといった形状で、内反りであるが、文具であったとされている。つまり内反りの刃物は、農機具や文房具であって、武器としてはきわめて珍しいということだ。

ただ、別の用途であれば問題はない。

和歌山県新宮市神倉神社の御燈《おとう》祭りで、松明の男たちを先導する神倉聖は斧《おの》を掲げて統括する。斧こそは、刃物の中でも数少ない「内反り・内湾曲」である。かつて、高倉下《たかくらじ》が韴霊剣を振りかざした名残《なご》りなのか、それともこちらが起源なのかはわからないが、この一致は重要な示唆である。

『先代旧事本紀』には、布都御魂は経津主《ふつぬし》神の神魂であると記される。

経津主神を祭神とする神社は全国に二二〇〇余社鎮座するが、その大半は春日・香取であって、本来のものではない。経津主神は、本来それを氏神とする物部が隠したために中臣に奪われ、かえって隆盛することとなったのは皮肉なことだが。

なお、七支刀を石上神宮の御神体・御祭神と勘違いしている人が少なくないが、これは単なる献上品の一つにすぎない。当時、日本へ朝貢していた百済が様々なものを天皇へ献上していたが、そのうちの一つである。シナ製の七支刀に銘文を金象嵌して献上したものだ。最盛期の石上の収蔵庫には一〇〇〇口《ふり》以上の刀剣が納められていたというが、この規模は「国家の武器庫」と同義である。

布都御魂大神（または石上大神）を祭神とする神社は九九社。いずれも石上神宮からの分祀である。

ただ、これらとは別に、社名に掲げる神社がある。
▼**石上布都魂神社《いそのかみふつみたま》**（通称　お神社様）岡山県あかいわ市石上一四四八

式内社であり、備前国一宮である。祭神は素盞嗚尊となっているが、もともとは社号の通り布都御魂とされる。

しかし由来では、十握剣を祀ったのが創祀であるとされ、剣は崇神天皇の御代に石上神宮へ遷されたという。その伝承は当社にも、また石上にも伝わっているところから、十握剣の由来には整合があり、霊位は布都《ふつ》斯魂《しみたま》＝素戔嗚尊であるだろう。

しかしもとは、韴霊剣も十握剣もともに霊位は布都御魂であったのやもしれない。「ふつ」とは単に刃物のことであって、「ふつのみたま」は「剣の霊位」ほどの意味である。すなわち神霊剣であれば、いずれも布都御魂である。十握剣は、石上に祀られる際に韴霊剣の霊位と区別するために布都斯魂と称されたとも考えられる。

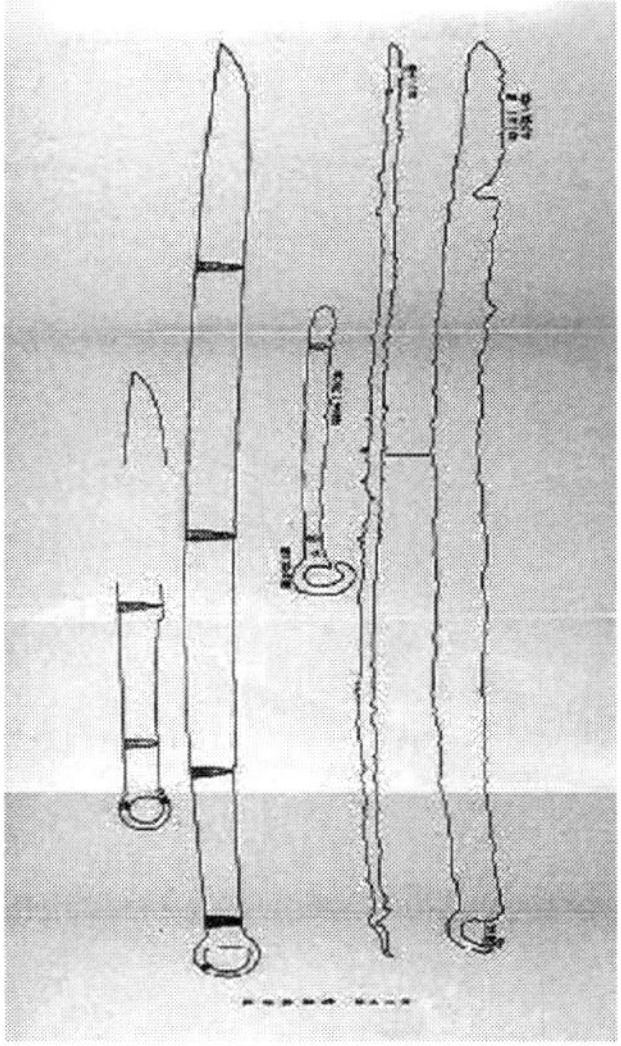

石上神宮禁足地より発掘された神剣の図

内反り素環頭大刀の基本形

さてそれでは〝謎の神剣〟韴霊剣《ふつのみたまのつるぎ》の正体は何ものか。別名、布都御魂剣《ふつみたまのつるぎ》、佐士《さじ》布都神《ふつのかみ》、甕《みか》布都神《ふつのかみ》とも称されるが、いずれも「ふつ」が共通する。「ふつ」は物を断ち切る音を表すという説もあるが、この「ふつ」はそのような曖昧なものではない。

徐福の本名を思い出していただきたい。それは「徐巿《じょふつ》」である。「巿」という字は「市《いち》」と混同されるが、まったく別の漢字で、「一」と「巾」から成るもので、「市《いち》」は「亠」と「巾」から成る別の字である。そして韴霊剣《ふつのみたまのつるぎ》の「韴《ふつ》」は、「音」へんに「一」と「巾」から成る。「韴」は、音読みで「ソウ」、和訓で「ふつ」ということになっているが、和訓はすべての和訓がそうであるように当て字である。つまり、この字を用いて「ふつ」と読ませたかったから用いたものであって、なによりもまず、「ふつ」という語音があったのだと理解すべきであるだろう。

「巿《ふつ》」「韴《ふつ》」自体が極めて特殊な文字で、どちらも通常用いられる機会はないといってよい。とくに「韴」は、わが国最大の漢和辞典である『諸橋大漢和』にも「韴霊（剣）」以外に用例がまったくない。また、漢字の母国であるシナ（china）には、すでに漢字のデータベースは失われており、『諸橋大漢和』にはるかに及ばないのが現状で、これ以上調べることは不可能である。

このような特殊な文字であるだけに、意図的に用いる以外に使われるはずもなく、偶然の一致など起きようはずもない。

すなわち、フツノミタマとは、「徐巿《じょふつ》の御霊《みたま》」のことである。

フツノミタマの剣は、徐福の佩刀か、あるいはそれを模して鍛造されたものか、いずれかであって、徐福の依り代として、一族子々孫々の守護神として祀られているのであろう。徐福とは、富士山を祖山とする関東の地に古代国家を建設し、ヤマト朝廷に国譲りをおこなった王であるだろう。

出雲神話は、国譲りしたその古代の王を慰霊・鎮魂するために書かれた〝呪術書〟である。前半の「荒ぶる神」こそはアサマ神（浅間大神）であり、後半の「国土開拓英雄神」は徐福一行の事績・功績の反映である。

アサマ神は最も古い神、縄文の神であり、初めにアサマ神があって、そこに徐福が渡来し、後半の神話が生まれたのではないだろうか。

剣号

そもそも天叢雲剣という元の名を捨てて、草薙剣という新しい名としたのはなぜだろう。記紀神話や、熱田神宮その他の様々な伝承によれば、ヤマトタケルが危地を脱するために草を薙ぎ払ったという由来に基づくとされている。ヤマトタケルの佩刀は天叢雲剣であったが、尊《みこと》の死後、熱田社において御霊代として祀る際に草薙剣という呼び名に変えたことになっている。つまり、熱田社を戴く尾張氏が、それをおこなったということになる。

周知のように尾張氏は尾張国造家であるが、この後も熱田の社家として代々続き、壬申の乱においては大海人皇子を全面的に支援して天武天皇の実現に最も寄与した氏族である。古代から全国に勢力を広げてきた海人族の中心的氏族で、壬申の乱においては「鉄剣鉄刀」を大量に調達して、それが勝敗の帰趨を決したとされる。つまり、刀剣こそは、彼らの存在証明でもある。

その尾張氏は、ヤマトタケルの死後、佩刀・天叢雲剣を尾張の地にとどめ置き、朝廷に返上しなかった。あまつさえ、草薙剣という新たな呼称を付けて、みずから祀ったということになる。それが尊の意志（遺志）であったからという理由で——。はたしてそんな〝勝手〟が許されるのだろうか。

ちなみに高崎正秀『神剣考』において、「クサナギ」は「霊蛇《くしなだ》」であるとの論考がなされている。民俗学的にもたいへん興味深い論考で、同説はかなり人口に膾炙している。私の恩師筋の先輩でもあるので敬意をもって検証させていただいたが、結論として私はこの説は採らない。

もし同説であるならば、当初からクサナギであってよいはずで、初め天叢雲剣で後からわざわざこの名に変える必要がない（高崎は当初から「クサナギ」であったのではないかと推測している。クサナギを霊蛇だとすれば、そういうことになるはずだ、との逆論にすぎない）。

また、蛇《なだ》を「ナギ」と訛《なま》る必然もなく、そのままクシナダ剣と呼ばれるべきだろう。それは奇稲田《くしなだ》姫（櫛名田《くしなだ》比売）が霊蛇《くしなだ》姫であるという解釈に、なんら異論を唱えるものではない。

剣名の呼び変えについて、尾張氏の政治的位置を勘案してみよう。尾張氏があくまでも「従属」的立場にあったとするなら、これは〝反逆〟になるだろう。天叢雲剣は皇子・ヤマトタケルに授けられたとはいえ、天皇家に伝わる聖なる器物＝神器である。天皇家でも皇族でもない尾張氏に与えるわけにはいかない。まして尾張氏は渡来の海人族である。しかも、呼称の変更をおこない、なおかつ返上せずにみずから祀るという点について、尾張氏が朝廷の許可を得ておこなったという記録はどこにもない。これほどの重大事について、公式記録がないこと自体不自然であるが、それについての疑義が同時代の記紀その他の記述にもないのは、さらに不可解なことだ。もし勅許を得たのであれば、尾張氏にとっては公言して権威付けに利用するはずで、あるいはもし無断であるならば、少なくとも『日本書紀』はこれを非難してしかるべきだろう。

しかしいずれもないとなれば、答えは一つしかないだろう。すなわち、勅許は不要であり、朝廷は非難する必要もない、のだ。なぜならば、草薙剣は天叢雲剣ではないからだ。もっと正確に言うならば、熱田神宮に納められている剣は、スサノヲがアマテラスへ献上した剣ではないということであろう。そうでなければ、右に述べた矛盾や齟齬を解決できない。

また仮に、新たに名付けるとするならば、もっと相応しい名がいくらでもあるだろう。名刀と言われる刀剣には特に号（名）が付けられるものだが、いずれも勇ましい号や神々しい号が多い。それらに比べると「草を薙ぐ剣」とは、なんとも優しい号だ。強そうでもなければ神聖感もない。

一般に、草を薙ぐのは「鎌《かま》」であろう。「草刈り鎌」という通例があるように。しかし刀剣の本来の機能役割は、もちろん草を刈ることではない。ところが、記紀をいくら読み込んでも、〝神剣〟草薙剣は「草を薙ぎはらった」ことにしか使われていないのだ。ヤマトタケルは大活躍したことになっているが、その活躍に〝神剣〟は何の働きもしていない。つまり、これが草薙剣の能力なのである。それならば、そういう機能の刃物だったのではないかと私は考えたのだが、いかがであろうか。草薙剣とは「鎌刀」だったからこそ、この名になったのではないか。

ちなみに、一般にはあまり馴染みがないと思うが、草薙剣には都牟《つむ》刈大刀《がりのたち》という別名もある。稲穂を「摘む」「刈る」という意味である。つまりこれもまた「鎌」を暗示している。

「名称」を軽んじてはなるまい。まずはその名称を素直に考えるのが至当というものだろう。玉も鏡も剣も、それぞれ独自の名が付いているのだ。訳あって名は付いているのであって、ここに最大の情報が集約されていると考えるべきだろう。ましてそれが「三種の神器」である。究極の宝物である。その名称が、便宜的であるとか、通称であるとか仮称であるとかいうならば、ご都合主義があまりに過ぎるというものだろう。神器の名称には必然があると考えるのが当然である。

そしてその名に相応しい刀剣が存在する。

鉄製・内反りの素《そ》環頭《かんとう》大刀は、平原《ひらばる》遺跡（福岡県糸島市）や上町向原遺跡（同）、横田遺跡（佐賀県吉野ヶ里）、岩滝円山古墳（京都府与謝郡）、積石塚（長野県長野市）など各地から出土している。とくに東大寺山古墳（奈良県天理市）からは素環頭鉄刀二十本と鉄剣九本がまとまって出土しており、そのうちの少なくとも六本は内反りである。さらにそのうちの一本は、長さ一一〇センチメートルの大刀で、金象嵌の銘文二十四文字が刻まれている。

「中平□□（年）五月丙午造作文（支）刀百練清剛上応星宿□□□□（下避不祥）」

年号とお決まりの吉祥文であるが、「中平」は後漢の霊帝の年号で、一八四～一八九年を指す。すなわち同王朝から下賜されたものであろう。この当時（弥生時代後期）、すでに日本においても鉄刀は造られていたが、その鍛造技術も渡来のものであって、「中平銘刀」は後漢製だ。

これらの研究成果から明らかになるのは、内反りの素環頭大刀はシナで製造されていたものが弥生期に日本にもたらされ、やがて日本でも造られるようになったが、古墳時代に入る頃から国産刀は直刀になって行き、やがて内反り素環頭大刀は造られなくなった、ということであろう。

実在する神剣

熱田神宮に御神体として奉戴される神器・草薙剣には、実見記録がいくつかある。そのうちの代表的なものが松岡正直『玉籤集《ぎょくせんしゅう》 裏書』というものだ。『玉籤集』は、垂加神道の教本。編著者は梅宮《うめのみや》大社神職の玉木正英（一六七一～一七三六年）。一七二六年成立。「裏書」の存在は、『神器考証』（明治三十一年刊）で栗田寛が紹介して世に知られることとなった。

この証言の通りであるならば、両刃《もろは》の白銅剣であろう。しかもかなりの長剣である。草薙剣の「姿」は、現在ではこれが定説のようになっている。異説を唱えるにしても、これがベースになって、せいぜい長さの議論や柄の造作の議論、また目測の正確性の議論がなされている程度である。そういう意味では、この「裏書」はかなり信用されている。

それにしても「玉籤集　裏書」は、まるでエジプトの王家の墓の呪い伝説のようで、さながら見よう、と思わせないための作為であるかのようだ。見た者は呪われて死ぬぞ、と脅している。しかも、保存状態から剣そのものの姿まで克明に描写して、これで見る必要もないだろう、と示唆しているのだ。なかなか巧妙な文脈であるが、物理的に警備が困難である時に用いる古典的な手法である。そもそも「見た者は死ぬ」のであるならば、見た上に、なおかつこれを伝えた松岡正直こそは真っ先に死ななければならないはずで、肝心の情報をしっかり伝えるまで生きていたのは自家撞着というものだろう。また、これを書き記した「予」なる某も（『玉籤集』の著者とは別だろう）、見ただけで死んでいった人たちよりもはるかに重罪ということになるのではないか。しかし「予」自身は松岡正直の証言を「いと珍しければ」と記しているところをみると、どうやら必ずしも信じているわけでもなさそうだ。

▼梅宮大社（通称　梅の宮神社）京都府京都市右京区梅津フケノ川町三〇
【祭神】酒解神　酒解子神　大若子神　小若子神　（配祀）嵯峨天皇　仁明天皇　橘清友　橘嘉智子

▼熱田神宮（通称　熱田さん）愛知県名古屋市熱田区神宮一－一－一
【祭神】熱田大神　（配祀）天照大神　素盞嗚尊　日本武尊　宮簀媛命　建稲種命

熱田の実見記録は、他に尾張連《むらじ》家に伝えられるものと、終戦時のものなどがあるが、共通するのは「銅剣」らしきことと「取っ手に節がある」こと、ただサイズはまちまちで、最大約八〇センチメートルから、六〇センチメートル、五四センチメートル、短剣などと一致しない。ただいずれも一瞬の目測ないしは推測であるから、あまり厳密に追究してみてもたいした意味はないだろう。

ところで、熱田の御神体がヤマタノオロチの体内から取り出された剣であるならば、そのオロチを退治した「十握剣《とつかのつるぎ》」はどこにどうしているというのだろう。既述した石上神宮以外に、こんな説もある。

茨城県鹿嶋市に鎮座する古社・鹿島神宮は中臣鎌足《なかとみのかまたり》を始祖とする藤原氏の氏神であるが、ここに、須佐之男命がオロチ退治に使ったという「十握剣」が展示されている。「直刀《ちょくとう》・黒漆平文大刀拵《こくしつひょうもんたちこしらえ》」である。しかもこちらは誰でも拝観できる。展示ケースに収まっているそれは、なんと二七〇センチメートルもの長さの直刀で、茨城県で唯一の国宝に指定されている。読者の方々にもぜひ一目見ることをお奨めしたい。実に瞠目に値する刀剣である。十握剣に擬せられる剣は他にもあるので、鹿島神宮のものがオリジナルか否かは誰にもわからない。しかし少なくとも、工芸品としても第一級のものであるのは国宝として指定されていることで明らかだ。神剣・神宝等々として遇されるものは、工芸的にも一級品であるのは当然である。

それにしても、十握剣がなにゆえにここ鹿島神宮の神宝となっているのか。ご存じのように、ここは藤原氏の氏神である。十握剣が本物であるならば、論理的には藤原氏がスサノヲ神の子孫ということになる。否、本物でないとしても、これは藤原氏がみずから「われらはスサノヲ神の子孫である」と誇示しているに等しいだろう。奈良時代このかた、日本の実質的な支配者であるとも言われる藤原氏。わが国で最も栄えた氏族である。その原点は始祖・中臣鎌足が中大兄皇子《なかのおおえのおうじ》に取り入って大化改新で活躍したことに始まる。天智八年（六六九年）に藤原姓を賜り、以後天皇の外戚ともなり、一族で朝廷の上層部を占有し続ける。近衛、九条、一条、冷泉なども藤原から派生した一族である。氏神社として春日大社を造営し、平城京における神道祭祀をも独占した。

始祖・鎌足は常陸鹿島の出自で、鹿島神宮がもともとの氏神であるところから、その神宝の剣は、大化改新で鎌足が用いた剣ではないかというまことしやかな説もある。しかし、鹿島はずいぶん都からは遠い。鎌足は大化改新で突然歴史の表舞台に登場するが、辺境の地・鹿島を中央につなげる糸がまったく見当たらない。それでも想像を逞しくしてこの説に殉じてみるなら、この長剣が蘇我入鹿《そがのいるか》の首を刎ねたものなのだということになる。そして鎌足が、氏神にその報告とともに奉納したのかもしれない。もしそうならヤマタノオロチは蘇我入鹿、または蘇我氏ということになる。鎌足をスサノヲに擬《なぞら》えたのは、その子・不比等の企みであろうか。

▼**鹿島神宮**　茨城県鹿嶋市宮中二三〇六－一

【祭神】武甕槌神

なお、天皇家の三種の神器の一つとして尊ばれた草薙剣を、なぜ尾張氏は保有し続け、朝廷に返上しなかったのか、また朝廷も尾張氏に対してなぜ返上せよと命じなかったのか、記紀をいくら読んでも、ヤマトタケルが草薙剣を熱田に置いていく理由が見当たらない。それどころか、それまでの経緯を考えればヤマトタケルは草薙剣を手放してはならないはずである。倭姫命から授けられたのは、以後自由勝手にしてよいということではないだろう。東征の守護剣として授けられたのであって、無事に任務を果たしたならば、最終的には宮中へ持ち帰らなければならないだろう。たとえわが身が斃れたとしても、草薙剣は戻さなければならない。もしヤマトタケルの遺言があるならば、なによりも第一に草薙剣を戻すよう言い置いたはずである。であるならばその答えは一つしかない。——すなわち、返す必要がなかったからだ。繰り返すが、熱田の剣は、もともとの草薙剣ではないからである。
それでも最終的に、また歴史的にも神器として認定されたのはまぎれもない事実である。認定されて、すでに千年余が経つ。朝廷によって認定され、なおかつこれだけの歴史を経たのであるから、これはすでにして神器・草薙剣である。もはや現物が何ものであるかを問わない。それはまぎれもなく天皇家の意志である。

ちなみに、武家政権を初めて樹立した源頼朝は、母の実家である熱田神宮を崇敬していた。しかし頼朝は鎌倉に幕府を開いた際に、源氏の氏神として皇室系の石清水八幡宮を勧請し、鶴岡八幡宮を創建している。頼朝は、血縁のある熱田神宮をなぜ氏神としなかったのか。周知の基準に従えば、熱田の御神体は究極の刀剣である草薙剣であるのだから、武家の筆頭としての源氏にこれほど相応しい神はないだろうに。しかも母の実家である。
その理由を、「熱田神は尾張氏の氏神」であったからではないかと私は考えている。もともとその神は、渡来氏族である尾張氏が信仰するものであって、天皇・皇室の神々の系譜とは別の系譜を持つものであったからではないだろうか。そして頼朝は、熱田の剣が草薙剣ではないことを知っていたのではあるまいか。

（＊神剣についての詳細は、拙著『三種の神器』を参照されたし。）

乙巳《いっし》の変は禊《みそぎ》か

「乙巳《いっし》の変」についての日本人一般の知識は、教科書や参考書で学んだ「統一見解」「共通認識」で固定されているのではないか。すなわち、「中大兄皇子と中臣鎌足による腐敗政治の刷新」である。以前はこのクーデターそのものを「大化改新」と呼んでいたほどだ。

中大兄皇子は天智天皇となり、現在に至る天皇家の直接の祖となっている。

中臣鎌足は、藤原姓を下賜されて藤原鎌足となり、日本の歴史上最も栄えた一族・藤原氏の祖となっている。

つまり、乙巳の変の首謀者二人の子孫が、以後の日本の主役になるのであって、いわば「主役交代」の瞬間なのである。まぎれもなく日本史上のクライマックスの第一だろう。

蘇我氏の歴史をごく簡単に振り返ると、乙巳の変の瞬間まで、蘇我氏は稲目、馬子、蝦夷、入鹿と四代に亘って栄耀栄華を極めてきた。稲目が大臣となった五三六年頃から乙巳の変で蝦夷・入鹿父子が死ぬ六四五年まで、実に百十年余の長きに亘る。飛鳥は「蘇我氏の時代」と称して誤りはないだろう。

その権力の源泉は天皇家（大王家）との姻戚関係を構築したことが大きな理由の一つである。第二十九代から第三十四代に至るまで、実に天皇六代に亘って「蘇我系」である（＊詳細は拙著『怨霊の古代史』参照）。これは、藤原氏の全盛期を「望月」に譬えて謳歌した、かの道長の時代を凌駕するものではないか。これほどの栄耀栄華、権力集中は日本史上稀有である。しかも、蘇ってついに頂点をきわめた者が、その最高最上のハレの場でトップが謀殺されるという結末である。怨霊となるにこれほど相応しい資格はちょっと他には見当たらない。

しかし入鹿が怨霊となって中大兄皇子や中臣鎌足らに祟ったという直接の記事は『日本書紀』にはまったくない。仮にもその類の記事が編述されていたならば、最終の検閲者である不比等によって削除されたであろうし、不比等が編纂責任者となったのはそれこそが目的であったと言っても過言ではない。「歴史は勝者が創るもの」という常識を忘れてはならない。

とはいうものの、実は完全に消すことはできなかった。『日本書紀』巻二六・斉明天皇元年（六五五年）五月の条に、まことに不思議な記録がある。

【書き下し文】
空中に龍に乗れる者あり。貌《かたち》は唐人に似たり。青き油の笠を著て、葛城嶺《かつらぎのみね》より馳せて、膽駒山《いこまのやま》へ隠れぬ。午《うま》の時に至りて、住吉《すみのえ》の松嶺の上より、西に向いて馳せ去ぬ。

『日本書紀』にはこれについて本文以外に何の説明もないので、これだけを読んでも、いったい何を意味するものなのかまったくわからないだろう。『本朝列仙伝』（田中玄順編集／一六八六）には、この場面の絵が描かれている。これを見ても、緊迫感のない、なにやら優雅な趣を感じさせるが、これに何の意味があるのか。わざわざ記録にとどめているのはどうしたことか。――どう眺めても不可解でしかないのは、本来必要な解説か傍証が削除されているからであるだろう。

『扶桑略記』（平安時代）には「時人言、蘇我豊浦大臣之霊也」と解説されており、これが入鹿の怨霊と巷では考えられていたようだ。笠で顔を隠す者は「鬼」であるという思想とも関わっているだろう。

いうまでもないことだが、斉明天皇とは皇極天皇が重祚《ちょうそ》したもので、入鹿殺害はその面前でおこなわれたものだ。斬られた入鹿はまさにその瞬間に皇極帝に向かって叫んでいる。

「私に何の罪があるのか」と。ここは重要な証言なので原文を確認しておこう。

【書き下し文】

入鹿、御座に転《まろ》び就きて、叩頭《こうとう》して曰さく。当《まさ》に嗣《ひつぎのくらい》位に居《まし》すは天之子《あめのみこ》なり。臣《やつこ》、罪を知らず。乞う、垂審《あきらめ》たまへ。

天皇、大いに驚きて、中大兄に詔して曰はく。知らず、作《す》るところ、何事有りつるや。

罪があると思っていれば、いまわの際にこんな科白は吐かないだろう。完全無実を確信していればこその物言いである。『書紀』も入鹿の自称として「臣」という文字を使っているのは、少なくとも証言の記録にその言葉が用いられていて、不遜な称に代えるわけにはいかなかったのではないか。中大兄皇子と中臣鎌足のクーデターを〝壮挙〟として美化するのが目的に違いないのだが、ここでの入鹿の対応には非の打ち所がない。このくだりを読んで、はたして読者はどの登場人物に感情移入するだろう。

斉明天皇は狼狽して、すぐに奥へ引っ込んでしまう。助けようとしない天皇を見て、入鹿は、天皇が承知した上で実行されたものと思ったに違いない。

斉明天皇は、斉明七年（六六一年）、朝倉宮で崩御するが、入鹿の祟りであると噂された（＊蘇我入鹿についいの詳細は拙著『鬼とはなにか』を参照されたし）。

中臣鎌足は、中臣こそが氷川からの血統を受け継ぐ本家本流であるとの自負から、我が世の春を謳歌する蘇我本宗家を滅ぼして、中臣がそれに取って代わった。乙巳の変は、ヤマト朝廷の禊《みそぎ》であった。蘇我氏親子に、原罪を背負わせて、「罪という罪はあらじ」とすることによって、身綺麗になったヤマト王家と中臣氏は唯一無二の「国家」になったのだ。

蘇我氏には、出自の謎が常に指摘される。なにしろ日本史上に突然現れて、栄華の頂点で劇的な終焉を遂げるという、特別な一族である。

外交政策において開明的であったところから大陸渡来の漢人ではないかとの推測や、一族に韓子、高麗、満智といった名が見られるところから新羅や高句麗からの渡来ではないかとか、はたまた仏教崇拝の旗頭であったところから百済人ではないかという説まである。しかしいずれも決定打とはなっていない。先祖に韓子や高麗の名があるのは、母が韓人の出自であったり、養育担当者が高句麗人であった可能性もあって、当時は皇子や貴人の子に母方に由縁する名や、養育先の渡来人にちなんだ名を付ける慣習があったからだ。とするならば、むしろ三韓の文物に敬意を払っていた時代の風潮を名に反映していたと考えるべきだろうし、むしろそのことを自慢するために名乗るもので、そういった名付けをとくに忌む理由はない。また、もし三韓の直系であるなら、韓子や高麗を名乗るのはかえって不自然であるだろう。同時代の出身国名を名乗ることは、かえって考え難い。

そもそも蘇我氏の力の源泉には「渡来人の諸族を従えた」ことがある。経済力とともに蘇我氏を支えた要素の双璧である。様々な先進技術や戦闘力を備えた渡来系有力一族の多くが蘇我氏に従ったが、もし蘇我氏が渡来人であったなら、彼らとは同胞や同類であって、仕える対象にはならないはずである。渡来系の人々は、ヤマトという異国に来て、大王《おおきみ》に従うことで身分を保証されるのであって、大王の直属でなければその皇子に、さもなければヤマト朝廷の重臣に従うことで身分が保証されたはずである。ヤマトという異国において、別の渡来人に従うとすれば、かえって身の危険を招くことになりかねない。つまり「まつろわぬもの（従わぬ者）」として、征伐される対象となるだろう。

いずれにしても蘇我氏の出自について、他の古代氏族とは一線を画した見方が大勢で、『日本書紀』にも記されている系譜をそのまま信じる者はほとんどいないかのようだ。もし馬子の奏上を信じるならば「葛城氏の一族」ということになるのだが、残念ながらその証左はない。

なお、乙巳の変に関する記述については、明らかに改竄の痕跡が見られるというのは定説になっている。とはいうものの、『日本書紀』という歴史書が全編に亘って改竄されているというわけではないのはもちろんで、必要もないのに改竄するはずもなく、『書紀』が最古かつ最重要の文献の一つであることは言うまでもない。

それでは、乙巳の変に関しては何故改竄が必要であったのか。『日本書紀』の編纂事業には長い年月を要しているが、その間、何人もの天皇や高位高官がこれに関与している。とすれば、当然のこととして、その人々のそれぞれの意向がそれなりに反映されることになる。いわば「妥協の産物」という側面も避けられない。『日本書紀』が成立したのは七二〇年（編纂開始は六八一年）であるが、この時の政治のトップは藤原不比等である。右大臣となって十二年、誰も不比等に逆らう者はいない、天皇を除けば実質的な独裁者であった。この人物がすなわち、最終検閲者ということになる。

『日本書紀』の改竄問題はその文体から解き明かされた。かつては純粋の漢文体であると考えられていたのだが、中には、純粋の漢文の語法や語彙とは言えないものが散見される。本来漢文にはありえない語法や語彙、すなわち和風の語法や語彙が一部にみられるのだ。和風の語法や語彙、これを「倭《わ》習《しゅう》」と呼ぶのだが、とくに乙巳の変についての記述は倭習が頻出している。

編纂当初の原文は、おそらくは史部《ふひとべ》として起用した渡来系氏族の者によって書かれた純粋の漢文であったが、それから実に四十年近くも後に完成することになったため、加筆や修正には日本人の手が相当加わったと考えられている。

不比等にとって、至上命題は「藤原氏の氏祖である中臣鎌足の美化」「乙巳の変・入鹿殺害の正当化」である。そしてそのために対抗措置・前提となるのは「蘇我氏を貶めること」である。蘇我氏の評価が下がれば下がるほど、その反動として中臣鎌足のおこなった行為は「英雄的行動」となる。

これがもし、蘇我氏に正義があったとすれば、入鹿殺害は国家的大犯罪である。乙巳の変に大義はあった、中大兄皇子や中臣鎌足たちに正義はあったと、歴史書には記されていなければならない。鎌足の子息である不比等が改竄し、それを時の天皇である元明天皇が承認した。元明帝は、天智天皇（中大兄皇子）の皇女である。つまり、娘が父の義挙を承認したということになる。

なお、改竄がおこなわれた場合の必然として、前後関係との矛盾や齟齬が生じる。それらを完璧に処理するのは難事業であるため、書き換えという手法はよほどの事情がない限り避けられる。それに代わって比較的安易に採用されるのが「削除」という手法である。書き換えに対応するためにあちこちを修正するよりも、ある部分をそっくり削除してしまうのが簡単でなおかつ正確だ。その方法で削除されたのが「蘇我氏の出自」であると私は考えている。そう考えれば多くのことが繋がってくるのだ。

飛鳥時代の朝廷の歴史を記すには、『日本書紀』が必ずしておかなければならないことの中に、蘇我氏の出自と中臣鎌足の出自がある。いずれもきわめて重要である。ところが、どちらも『書紀』の記述はまことに少なく、しかも怪し気だ。

蘇我氏の系譜は代々の名前自体が嘘臭い。そして中臣鎌足は、突然登場する。

確かに乙巳の変で登場してからの鎌足の出世は際立つものがある。そのきっかけが、蹴鞠見物で中大兄皇子の脱げた沓を拾ったからというのでは、誰も納得はいかないだろう。もし私なら、沓を拾っただけの人間とそこまで親しくなることは難しいだろう。まして天皇の皇子という立場であればなおさらだ。

中臣氏の出自については、さながら鹿島・香取を無視するかのような論調が目に付くが、田舎祠官だったのだから、とくに正史に記すほどの経歴はないというだけのことだ。他の事例でも珍しくないパターンである。

突然登場したことを前提に、鎌足は、百済の王子・余豊璋であった、などという奇説も近年登場している。その説に従えば、鎌足に続く藤原氏一統もすべて百済王家の血筋ということになる。しかしもちろん、その説は、中臣鎌足が突然歴史に登場したことが大前提である。鎌足に親も係累も先祖も見当たらないならば、そんな想像空想も可能だろう。ところが鎌足以前に中臣氏はしばしば歴史に登場している。そんなことは書紀を見れば明らかだ。

日本の古代史研究（というか議論）は、主要な歴史人物の出自を「怪しい」と決めつけて、その血統を「三韓（百済、新羅、高麗（高句麗））」に持っていくと安心する傾向がある。まことに困ったもので、戦後蔓延した「いわゆる自虐史観」の流れに属するものだ。これらの「ためにする論」によれば、蘇我氏はもちろん、物部氏も中臣（藤原）氏も三韓の出自で、さらに遡って日本神話の根元の神々も三韓出身などという説も少なからず出回っている。信じるも信じないも自由であるが、これも流行の一種であろう。

すでに中臣勝海（姓は連）が物部守屋陣営の有力者として登場し、守屋敗死に先立ち誅殺されている。それが用明天皇二年（五八七年）四月のことだ。乙巳の変は、それから五十八年も後のことである。

中臣勝海の姓《かばね》は連であって、物部守屋大連とともに大王（天皇）に「廃仏」を奏上している。高位高官であればこその事績である。すでに中臣氏は、それだけの地位にあったのだ。乙巳の変によって、鎌足が突然成り上がった訳ではない。

また、中臣氏の先祖が天児屋根命であったかどうかについて疑うも否定するも論者の勝手だが、実在の人物の系譜までも無視するのは暴論というものだろう。私はとくに中臣氏を擁護するつもりも必要もないのだが。

中臣氏は海部《あまべ》、または国造の一族であり、すでに中央（ヤマト政権）で高位高官となっている血縁者を頼って鎌足は上京したものだろう。最高の学業を修めるためには、当時も都が第一であった。現に、鎌足は蘇我入鹿と同窓であり、ともに並び称されるほど優秀であったとされている（『日本書紀』）。こういった施設には、限られた家柄の子弟しか入れなかったのは言うまでもない。鎌足が出自不詳であったならば入学さえできなかったはずである。

なお不比等の改竄についても、語弊は正しておかなければならない。あからさまな「創作」ではなく、「部分削除」と「帳尻合わせの書き変え」をおこなったのだと考えるのが自然だろう。しかし書き換えや創作はいずれ必ず露見する。一度書き上げた論文で、後から論点を変更しようとすると、全体に亘って緻密な調整が必要になってくる。それは時には最初から書き直した方が楽なほどの〝難事業〟なのだ。しかも、そこまで一言一句丹念にチェックしても必ず疎漏がある。ましてや『日本書紀』は国史である。一つの出来事が、他のいくつもの出来事や人物と有機的につながっている。それを完璧に「改竄」するのは難渋の極みであろう。

したがって、私の考える許容範囲は「部分削除」が第一で、それによって不自然になった関係各所に関してのみ「微調整」をおこなうというものだ。『書紀』の不自然な欠落はこれによって生じている。すなわち、蘇我氏を貶めるのが目的であるにもかかわらず、その血筋について『書紀』はふれることができないのだ。もしも蘇我氏が下層の出であったり、あるいは渡来系であったのであれば、それを書かないはずがない。たとえ伝聞であってもこれ見よがしに書くだろう。そうすれば、入鹿を殺害し、蘇我本宗家を滅亡させた暴挙を〝正当化〟できるはずだからだ。

不比等の力をもってしても貶めることのできない系譜・血筋とは何か。それは「皇統」以外にないだろう。

そして、貶めることができないのであれば、削除してしまうのが唯一採り得る方策であるだろう。

——かくして、蘇我氏の出自は『書紀』から消えた。

スサノヲの血脈

さてそれでは、『日本書紀』が消した蘇我氏の出自を、あらためて明らかにする方法はあるのだろうか。有力な手がかりの一つは「蘇我」という氏族名そのものにある。

そもそも蘇我という名は、新たに作られた名である。古くから連綿と名乗られてきた氏族名ではない。

その根拠は、葛城、三輪、物部、中臣などと比べるとはっきりわかる。かつらぎ、みわ、もののべ、なかとみ――これらはすべて「ヤマト訓み」すなわち「訓読み」である。

これに対して、蘇我は「音読み」である（別の漢字を当てれば訓読みとすることもできるが、蘇我の文字を用いる限りは音読み）。

姓氏学では、訓読みの苗字が古く、音読みの苗字は新たに作られたものというのは基本である。たとえば、日本全国民の中で人口の多い苗字の二位の「鈴木《すずき》」は、音読みなら「れいぼく」、三位の「高橋《たかはし》」は音読みなら「こうきょう」となる。しかしいずれも訓読みなので、古来の苗字であることを示している。

これに対して一位の「佐藤《さとう》」は音読みであって、これは新しく作られた苗字であることの証しである。藤原は古くからの苗字であるが、そこから派生した佐藤・斎藤・近藤などは新しく作られた苗字だ。佐藤は佐野の藤原、斎藤は斎宮長官の藤原、近藤は近江の藤原という由来を込めた名乗りである。そして「ふじわら」は訓読み、「さとう」「さいとう」「こんどう」は音読みである。「佐野」の「藤原」であるところから「佐藤」という新しい氏族名は生まれた。他にも「左右衛門尉の藤原」や「佐渡の藤原」などの説があるが、いずれにしても八世紀以降に作成されたものである。

元となっている氏族名「藤原」は中臣鎌足が六六九年十一月の臨終に際して天智天皇より下賜されたものであるが、これとても訓読みの「ふじわら」であって「とうげん」ではない。天皇から賜る名は時代が下っても「ヤマト言葉」である。

しかしながら蘇我は、すでに六世紀には歴史に登場しているにもかかわらず、「蘇我」の文字であるならば漢音である。

初めにヤマト言葉ありき、その後、漢字を求めて合体する。それが最も古い時代の日本語表記の成り立ちである。氏族名も当然例外ではない。

たとえば「物部《もののべ》」氏。「もののふ」というヤマト言葉がまずあって、これを漢字表記するために「物（ブツ）」と「部（ブ）」という漢字を借りることとした。物は武器を意味する漢字であり、部は職掌（それを司る者）。しかし物部と書いてシナ人には「もののふ」とは読めない。漢音で「ブッブ」、呉音で「モチブ（またはモツブ）」。しかし軍事に携わる氏族すなわち「もののふ」を「物部」と表記しているうちに「もののべ」と訓読するようになるのは自然の成り行きだ。

このルールによって成り立つ最も古い事例の一つが蘇我ではないかと私は考えている。音読みの苗字は、人工的に産み出された苗字であって、自然発生的な苗字とは成り立ちを異にする。したがって、発生理由がわかりやすいという特徴を持つ。先に事例紹介した「佐藤」などのように、表記文字が先にありき、なので探求しやすい。


それでは「蘇我」は何に由来するのか。蘇我は訓読みすれば「よみがえるわれ」である。「われはよみがえる」「われ、よみがえれり」などの漢語読み下し方式はこの時代にはまだ馴染んでいない。ヤマト言葉の語順のままの万葉仮名方式である。

「よみがえるわれ」との意味そのままで、稲目あたりが名乗ったのが始まりではないかと、これは私の推測である。

蘇我氏はそれ以前になんと名乗っていたかの具体的な記録はないが、少なくともその一族は、かつて栄えた一族で、稲目の頃にようやく昔日の栄誉を取り戻したのではないだろうか。それを誉れとして「蘇我（よみがえるわれ）」と名乗ったのではないかと思われる。

蘇我の氏族名について、「地名由来」との説があるが、これについては説明が必要だ。

「そ・が」という地名にも数種あって、大和飛鳥の周辺で蘇我や宗我をそれと主張する説がある。しかし、古代氏族の名の由来になろうかという地名であるなら、かなり古い地名であって、それが「音読み」ということはないだろう。むしろ、地名の蘇我や宗我などが蘇我氏の名に由来していると考えるべきだろう。「必ず地名のほうが古い」というような固定観念、思い込みは排除しなければならない。

ただし、由来の地名は他にある。

ちなみに「訓読み」とは、漢字には本来ない読み方であるが、ヤマト言葉を当てはめたもののことである。

漢字には、当たり前だが本来「音読み」しかない。ヤマト国では輸入した漢字を利用するのに、元々の「音読み」としても使ったが、それとともにすでに使用されているヤマト言葉にも意味の近い漢字を用いて、ヤマト読み＝訓読みするようにしたものだ。したがって、音読み（漢音・呉音）に限っては当時のシナ（china）人（魏・隋）と口頭で通じたし、また漢字文化をそのまま採用していた三韓にも通じるところはあった。

しかし「訓読み」となると、書き記した文字は通じても、口頭では完全なヤマト言葉であるから通じるはずもないのは当然である。

ちなみに、日本字音には、古音・呉音・漢音・唐音・宋音などの種類がある。仏教用語は、現在使われているものも呉音が基本になっている。なお平安期に入ると、唐の長安の発音を漢音としてこれが正音であるとし、これに対して呉音は早くに伝わったことから和音と呼ばれるようになっていたようだ。

それでは蘇我氏の元の名はどのようなものであったのか。別表記である曾我、宗我、十河、素鵞などの異字はヒントにはなるかもしれない。so や soh などの字音が字訓ではどんな文字になるか。同様に、ga の字音が字訓ではどんな文字になるか。その答えは、ある手法から導き出されることになる。

氏族名とともに出自を解明する大きな手がかりは「神社」である。神社には、それぞれの氏族血族ごとに「氏神」という特定の神社がある（＊詳細は拙著『氏神事典』参照）。

「氏神」を調べることは、その氏の系譜（ルーツ）を調べるための第一の方法である。

江戸時代に、徳川幕府が強制した寺請制度によって日本人のほとんどがどこかの寺院の檀家に登録されるようになってしまった。これによって江戸時代中期以降は、家系をたどるためには寺院の過去帳を調べるのが最も簡単な方法となり、現在も日本人の家系を調べるにはまず出身地の檀家寺において過去帳を調べるという方法が採られている。

しかしこの方法でわかるのはおおよそ戦国時代までで、それ以前のことについては当然ながら寺の過去帳は信頼できない。なにしろ寺請制度自体が一六六四年（寛文四年）に制定・施行されたものだからだ（薩摩藩や少数の旧家は例外）。

とすれば何を頼りに氏族の系譜をたどることができるのか。それぞれの家に伝わる家系図も大いに参考となるだろう。しかしなによりも見落としてならないのは神社の存在である。寺院が人々の間に定着するよりもはるかに古くから存在し、仏教が輸入された時には主な神社はすでに日本中に存在していた。しかもその祭神は、多くの場合、いずれかの氏族の祖先神である。その神がかつては人として実在したか否かは容易には判別できないが、私は日本神話に登場する神々のうち、いわゆる「三貴子」以後はすべて実在したと考えている。すなわち、アマテラス、ツクヨミ、スサノヲの三神は元は人として実在したもので、これより後の神々もすべて実在したと確信している。本書はそれを解き明かすのが目的ではないので、別の機会に譲るが、スサノヲに限っては少々ふれなければならない。それが本書にとって重要な意味をもっているからである。

氏神もしくは氏神神社（氏神とは、神そのものをいう場合も、また神社自体をいう場合もある）――その名称、その祭神、その由緒――これらを調べることによって、その神社を氏神としている氏族一族が何者であるのかを、ある程度探査究明できるのだということを認識していただきたい。

たとえば物部氏の氏神を概観すると、物部氏の正体がかなり見えてくる。物部氏には「氏族伝承」ともいうべき『先代旧事本紀』という貴重な文献があるのだが、同時に石上神宮や物部神社などに伝承される様々な事物は何ものにも代え難い価値ある情報を秘めている。同様に蘇我氏も、氏神・氏神神社を探ることで、「謎」と言われている出自が見えてくるはずである。

蘇我氏の氏神・氏神神社を確認してみよう。まず一般に氏神として知られているのは二社。宗我都《そがつ》比古《ひこ》神、宗我都比賣《そがつひめ》神という男女二神を祀っている。

▼宗我《そうが》神社（通称・宗我都比古神社）神奈川県小田原市曽我谷津

【祭神】宗我都比古之命　宗我都比女之命　（配祀）應神天皇　桓武天皇　小澤大明神　（合祀）須佐之男命　熊野速玉神　仁徳天皇

由緒にはこうある。

「昔、先づは此の曽我地方の先住民族が祈願の的として神仏の区別無く「小澤大明神」を崇拝して現在の地に祀った。長元元年（一〇二八年）、宗我播磨守保慶が祖先宗我都比古命の御霊を分霊し当所に下り宗我都比古神社の神号を請い、併せて武内宿禰命をも祀り、社を創建し、九百年前頃、曽我祐信に依って神社として今の祭神（小澤大明神、宗我都比古、宗我都比女）を再興し、明治初年の神仏分離に依って宗我都比古、宗我都比女を主祭神にして、永く当地曽我郷の総鎮守産土《うぶすな》神として祭祀される。」

――鎮座して千年近く経つが、それでも乙巳の変から三〇〇年以上後である。したがってここで蘇我氏の由来を知ることはできない。つまりこちらは「分霊」で、本社はもう一つのほうということだ。しかしここも地名として曽我が残っていることには注意しなければならない。たとえ地名に千年の歴史があっても、蘇我氏の活躍時期が一四〇〇年余も以前であるから「地名が氏族名にちなんでいる」ということである。姓氏研究で陥りやすい誤謬の一つは、「最初に地名ありき」で、姓氏は地名にちなんでいるのだから、その地こそは本貫地であるとするものだが、それが必ずしも正しくないということがこの事例でもわかるだろう。蘇我氏のように古い氏族を単純に地名由来で結論するのは注意しなければならない。なによりもまず地名自体の検証が求められる。

▼宗《そ》我《が》坐《にます》宗《そ》我《が》都《つ》比《ひ》古《こ》神社（通称　宗《そ》我《がん》さん）　奈良県橿原市曽我町

【祭神】宗我都比古神　宗我都比賣神

蘇我馬子が、蘇我氏の始祖の宗我都比古・宗我都比売を祭るために創建したと伝えられている。すなわち、宗我坐宗我都比古神社《そがにますそがつひこじんじゃ》は蘇我氏が飛鳥に来てからの氏神である。

この社の由緒に従えば、出自は「大阪河内」であり、本姓は「石川（石河）」ということになるのだが、「石川（石河）」を本姓とする裏付けも、蘇我倉山田石川麻呂の次男家が以後奉斎したことから考えれば、不名誉な姓氏である蘇我よりも、推古天皇のお墨付きを賜った石川（石河）にシフトさせたととらえるべきだろう。すなわち蘇我氏の出自を究明するために石川（石河）へ行くのは本末転倒であり、逆行である。大阪河内へ何処《どこ》から来たのか、それをこそ明らかにしなければならない。石川（石河）は、その後に派生した名の一つである。

なお、当社は、蘇我馬子が「氏祖」を祀ったことから飛鳥における新たな氏神神社となったが、元々の氏神を隠すために利用される結果となった。宗我坐宗我都比古神社の祭神である男女神は、蘇我氏の氏祖ではなく、その地に古くから祀られていた陰陽の地主神である。飛鳥という地で確実に地位地盤を固めたことから、ここを新たな本貫地となすべく地主神を取り込んだというのが、馬子の意図であるだろう。地主神を尊重してスサノヲは合祀せず、「蘇我は飛鳥より始まる」との決意があったのではないかと思われる。

しかし、蘇我馬子による創建であるとの由緒から、少なくとも曽我や石川（石河）よりも蘇我のほうが古いということがわかる。

それでは「蘇我」という文字が使われている神社はどうか。これは三社ある。

▼蘇我比咩《そがひめ》神社（通称・春日大明神）　千葉県千葉市中央区蘇我
【祭神】蘇我比咩大神　千代春稲荷大神　（配祀）天照皇大神　經津主神　武甕槌神　天兒屋根神
天兒屋根比賣神　應神天皇　比咩大神　神功皇后
▼蘇我神社　高知県安芸市川北甲六二六四
【祭神】蘇我赤兄
▼蘇我神社　高知県吾川郡いの町波川
【祭神】石川宿禰　（配祀）仲哀天皇　應神天皇　素盞嗚尊

蘇我比咩とは蘇我大臣の娘、蘇我赤兄は天智天皇の左大臣、石川宿禰は派生子孫。つまりいずれも、蘇我氏が台頭して以後の祭神である。

「蘇我」の表記を用いる神社が、蘇我氏の台頭より後のもののみということは、奇しくも蘇我氏がそれ以前は別の表記、もしくは別の名乗りであったということの証左でもある。古くからの氏族は、必ずいずれかの神社に関係しているからだ。「蘇我」という名乗りが後発のものであることが、ここまでの検証によっても確認される。

ここでもう一度原点に立ち戻って「そ・が」の音から確認しよう。この音に見合う文字はすでに確認したように、蘇我・曾我・宗我・素鵞・須賀である。そして蘇我・曾我・宗我からは出自は判明しないことをここまでに確認した。となれば、後は「素鵞」と「須賀」のみである。

語音の成り立ちにおいて確認したように、「そが」と「すが」は同一である。ただ、発生は「すが」が古く、「そが」は後発であろう。しかし漢字表記となると、「須賀」も「素鵞」も元はともに「すが」と読んだはずで、それは祭神名の素戔嗚尊において「素」を「す」と読んでいるからである。すなわち「スサノヲ」は素鵞神社の項において述べたように「すが」であり、また「すが」は「そが」である。

こうして検証してくると、蘇我という氏族名はスサノヲの直系でなければ名乗るのが憚《はばか》られるような名であると得心できる。そして「あすか」とは「あ・すが」であるという語源を思い起こせば、飛鳥の地こそはまさに蘇我氏の本貫地であるのだと確信できるだろう。

スサノヲの子・五十猛《いそたける》の原像

ヤマトに鉄器をもたらし、ヤマトの最初の覇者となった人物――それは、五十猛《いそたける》である。

五十猛とは、『日本書紀』一書の第四にあるように、スサノヲの子で、ともに従って降臨し、ヤマトに樹木の種子を蒔いた者である。

五十猛（イソタケル、イタケル）を祀る伊太祁曾《いたきそ》神社は、現在は内陸部に鎮座しているが、元々は海辺近くにあった。その地には現在、日前宮が鎮座している。

▼**伊太祁曽《いたきそ》神社**（通称　山東《さんどう》の宮）和歌山県和歌山市伊太祈曽（旧・紀伊国名草郡）

【祭神】五十猛命

▼**日前《ひのくま》神宮・國懸《くにかかす》神宮**（通称　日前宮《にちぜんぐう》、名草宮《なぐさのみや》）和歌山県和歌山市秋月

【祭神】日前大神《ひのくまのおおかみ》（日前神宮）　國懸大神《くにかかすのおおかみ》（國懸神宮）

なお日前宮は、皇室に最も近い血筋の社家であるにもかかわらず神社本庁に所属しない単立神社である。これはおそらく神社本庁より上位であるので管理下にはふさわしくないからであるだろう。往古においてイソタケル一族は、その日前宮に追われたのだ。すなわち日前大神、國懸大神に追われた。つまりヤマトに追われたということになるだろう。このことはイソタケルがヤマトではなかったことを示唆している。

五十猛命は、通常「イソタケル」と訓まれるが、「イタケル」とも訓まれる。

五十猛は『日本書紀』『先代旧事本紀』には登場するが、『古事記』には登場しない。そこで、『古事記』の大屋毘古《おおやびこ》神を同一神とする説がある。『古事記』では、オオクニヌシ（オオナムジ）が危難に瀕した際に、大屋毘古神のもとに逃げ込んだ、その神は木国の神であるから「木」つながりでイソタケルと同一神とするものだ。また、五十猛の妹の名を大屋津比売というところから、大屋毘古を兄であろうとしている。ただ、同説に従うならば、大屋津比古でなければならないだろう。少なくとも「大屋」と「大屋津」は同じではない。

五十猛が木の神である由来は『日本書紀』に詳しい。追放されたスサノヲは、その子・イソタケルとともに新羅国の曾尸茂梨《そしもり》に天降ったが、スサノヲは、「吾は、この地に居ることを欲さず」と言って埴土で作った舟に乗って東へ渡り、出雲国の簸川の上流にある鳥上之峯《とりかみのみね》に降臨した。ともに渡り来たイソタケルは、多くの樹木の種子を持っていたが、韓地には植えずにすべてを持ち来たりて、筑紫から始めて大八洲国《おおやしまのくに》のほとんどに植えたので、日本は青山なす国になった。つまり、新羅は一時的に立ち寄ったのみで、しかもその地を嫌悪して去ったと記す。

日本のどこか（たとえば九州）から新羅へ遠征して、出雲へUターンしたのか。あるいは、別の国（たとえば呉越）から新羅を経由して、出雲へやってきたのか。いずれかであろうが、降臨神が新羅を嫌ったという事実のみがはっきりと記されている。日本神話の中でも他には見当たらない、きわめて珍しい意思表示である。神話成立の過程で、嫌悪せざるをえない、よほどの理由があったと考えるべきだろう。それが何かは不明だが。

なお『先代旧事本紀《せんだいくじほんぎ》』ではイソタケルがもたらした樹種は八十種としている。そしてその後、イソタケルは紀伊国に鎮座したと『日本書紀』、『先代旧事本紀』両書ともに記している。

五十猛は、この国に樹木の種子をもたらした。つまり日本の豊かな森林はこの神に由来するとされているわけで、これは格別の神格ということになる。神道の最も古い形は神籬《ひもろぎ》である。すなわち「特別な樹木」を神の依り代とする。その神籬をもたらした者こそは、五十猛である。「木の国（紀伊国）」の象徴的神である。

ところで五十猛がこの国に初めてもたらしたという八十種の樹木とはどういったものだろう。照葉樹はすでにこの国土にあったので、針葉樹、および穀物の種子などをもたらしたということになるだろうか。日本人・日本文化にとって最も馴染み深い樹種といえば杉《すぎ》と檜《ひのき》、松あたりだろう。これらはいずれも針葉樹である。本来、亜寒帯に森林を形成する樹種であって、温帯域の日本列島のものではない。しかし古くから人工的に植林がおこなわれて、吉野杉や屋久杉、木曾檜など各地に定着した。その結果、現在では杉は日本の固有種とされ、檜は日本と台湾の固有種とされている。しかし松も含めて、本来的にこれらは亜寒帯の樹種であるから、古代に於いて誰かが持ち込まなければ、日本の国土にこれらの木々が繁茂することは考えにくい。

植林された針葉樹が材木として重用されるようになるのは、その後の日本の建築史とも直結している。たとえば世界最古の木造建築である法隆寺は檜材で造られている。各地の古社古寺、あるいは伝統的な日本家屋のほとんどは主要な素材として檜と杉を用いているのは今更指摘するまでもないだろう。そういう意味では、五十猛こそは、日本の原風景をもたらした根源の神と言えるかもしれない。


五十猛を祭神としている神社は約三三〇社。県別に鎮座数のみ列挙すると、二桁を数えるのは山形県、群馬県、神奈川県、岐阜県、兵庫県、和歌山県、島根県、岡山県、福岡県、長崎県である。東北から九州まで、つまり全国に遍在しているということになる。氏神の場合には、その一族の本貫地《ほんがんち》に本宮《ほんぐう》があって、以後当該氏族の広がりとともに各地の所領に勧請《かんじょう》されていく。したがって、地域的に明確な偏りが発生する。これに対して信仰神の場合には、信仰の浸透にともなって比較的均一に勧請されていく。しかも本宮の周辺より始まって、近くから遠くへという時間経過を辿る。たとえば武蔵国一宮の氷川神社は、全国に五〇〇余社鎮座するが、そのほとんどは関東圏にある。歴史的古さにおいて、五十猛を祀る神社に引けを取るものではないにもかかわらず地域的な偏りがあるのは、信仰上の理由があったと考えるべきだろう。

これに対して五十猛神の信仰圏が、ほぼ全国的な均一さを見せているのは、信仰発生の古さや、信仰の普遍性などを示すものであるだろう。

それでは、その信仰はどこで発生して広まったのであろうか。五十猛の名そのものを社名として名乗るのは島根の五十猛神社が知られるが、同社の創建鎮座は、延長三年（九二五年）であって、さほど古いものではない。島根は他国と較べても古い鎮座、立派な社殿が特別に多い地方なのだが、そういった環境においては明らかに見劣りする。また、辺りは年若い雑木林があるばかりであって、鎮守の森と呼べるような気配はなく、また樹齢の際立つような御神木もない。おそらくここで祀られる五十猛は「木の神」ではないのではないか。

古社の場合に共通して認められる様相に、鎮座地そのものが古墳であることや、神奈備の麓に鎮座していること、あるいは境内に磐座《いわくら》や磐境《いわさか》、神籬《ひもろぎ》の遺跡が存在する等々があるものだが、当社においてはいずれも認められていない。鎮座地の大田市は海辺の町であるところから、五十猛が父・スサノヲとともに上陸した場所であるという伝説や、海人族の当初の拠点であったという論説などもあるが、残念ながら港としての歴史はさほど古くない。先に述べたように信仰が全国に広がる中で勧請鎮座した後発の一つであるだろう。

▼五十猛《いそたけ》神社（通称　うじがみさん）島根県大田市五十猛町二三四八

【祭神】五十猛命　應神天皇（配祀）抓津姫神　大屋姫神

全国に約三三〇社鎮座するものの、社名に五十猛を冠しているのは、当社を含めてもわずかに六社であり、他の五十猛神社も勧請である。ということは、本来は「五十猛」という漢字表記ではなく、この文字は後から充《あ》てられたものと考えられる。より古い神名表記は別のものであるだろうということだ。それ以外にはどのような社名があるかというと、これが実に多様であって、むしろ祭神が五十猛であることを示唆する社名は少ない。たとえば佐渡国一宮の度津《わたつ》神社は、式内社でもあって由来は古い。ただ、社名が示唆するように海神のワタツミを祀る素朴な自然信仰であったものが、信仰の共通性から後世に五十猛と比定されたものであるだろう。

▼度津《わたつ》神社（通称　一の宮）新潟県佐渡市羽茂《はもち》飯岡
【祭神】五十猛命　（配祀）大屋都姫命　抓津姫命

播磨国総社として古くから信仰を集める射楯兵主《いたてひょうず》神社は、射楯神と兵主神を祀るが、射楯を五十猛とし、兵主を大国主としている。

▼射楯兵主《いたてひょうず》神社（通称　播磨国総社）兵庫県姫路市総社本町
【祭神】射楯大神　兵主大神

しかしその根拠は薄弱で、五十猛をイタケルと訓んだ場合のイタケをイタテと同一と見て比定しているにすぎない。信仰上の近似性もあったのだろうが、権威付けのために正史『日本書紀』の神に比定する例は珍しくないのだ。しかし鎮座は古いので、おそらくはまったく別の土俗神であろう。

紀伊国一宮の伊太祁曾《いたきそ》神社は、その中でも最も古い由緒を持つ。鎮座の由来や歴史的経緯などを考えると、ここが五十猛信仰の本宮であろうと考えられる。正史の記録に初めて見えるのは『続日本紀』の文武天皇大宝二年（七〇二年）であるが、すでにはるかに古くに鎮座していたのは間違いない。

現在和歌山市内に日前《ひのくま》神宮・國懸《くにかかす》神宮が鎮座し、こちらも紀伊国一宮である。同一の境内に二社があるという珍しい形態で、総称して日前宮《にちぜんぐう》、あるいは名草宮《なぐさのみや》という。鎮座したのは神武天皇二年と伝えられるが、いずれにしてもきわめて古い由来である。

伊太祁曾神社の社伝によれば、元はこの地に伊太祁曾神社があったのだが、「国譲り」をおこなったため、伊太祁曾神社は日前宮にこの地を譲って現在地に遷座したという。その遷座は第十一代・垂仁天皇十六年のことという。現鎮座地にほど近い旧・山東庄《さんどう》の「亥《い》の杜」がそれであって、さらに現在地に遷座するのは大宝二年（七〇二年）のことである。友人が奉職していた時に招かれて境内深くまでを散策する機会があったのだが、整備が行き届いており、かつてのおもかげを偲ぶよすがはほとんどなかった。いまや皇室に最も近い社祠として名実ともに大社となっている。ちなみに、旧社地「亥の杜」は、元は「伊の杜」であろう。

なお、地元では、伊太祁曾神社、日前宮、そして竈山《かまやま》神社を巡拝することを「三社参り」と称して、いずれを欠いてもならないとしている。いつ頃からの慣習かは不明だが、かなり古くからのものであるようだ。このうち竈山神社は、神武の兄・五瀬の墓陵であるところから尊重したものだろう。東征の最中に戦死し、当地に埋葬されたことで、戦勝の象徴となったためだろう。しかし三社参りの本来の意味は、竈山神社を除く「二社参り」にこそあるのは言うまでもない。二社のいずれを欠くわけにはいかないという意向であろう。

▼竈山神社　和歌山県和歌山市和田

【祭神】彦五瀬命

なお「イタキソ」という独特の社名の成り立ちにはいくつかの説がある。

「イタキソのキソはケソの音転ともいわれるが、キソ、ケソを朝鮮系の女神の名〈ヒメコソ〉の〈コソ〉に通じる敬称」とする近年の研究があると『日本の神々――神社と聖地』（谷川健一編）で紹介しているが、キソをコソに通じるというなら、カソもクソも通じることになってしまう。

また、朝鮮系の女神の名をもって解釈しようとすることにも、他に類例がないからであろう。これもまた自虐史観の一種であるが、朝鮮系に恣意的に関連付けるのはむしろ真相や事実をかえって見えなくする阻害要因にしかならない。

これよりはるかに古く、次の説がすでにある。

「イタケ（五十猛）の神とイサヲ（有功）の神」が転訛したもの、とするのは『紀伊続風土記』（文化三年／一八〇六年成立）である。

すなわち、

「イタケイサヲ→イタキサヲ→イタキソ」

である。当説を棄ててまで新説を唱える必要はないだろう（＊なお、五十猛神については拙著『ニギハヤヒと『先代旧事本紀』』にて詳述しているので、そちらを参照されたい）。

「罪」のゆくえ

第2章で指摘したように、スサノヲはヤマトに祟る神、荒ぶる神であった。

そんなスサノヲを、『古事記』は礼賛し、『日本書紀』は排除した。しかしいずれもそれぞれの論理は通っている。

それでもなお問題なのは、ヤマトは、なぜ、ほかならぬスサノヲに原罪を背負わせたのか、という一点であろう。その答えこそは、本書の中核テーマである。それによって、『古事記』も『日本書紀』も、書かれたスタンスがはっきりする。スサノヲの存在こそは、縄文と弥生の狭間を、あるいは弥生時代と古墳時代の断絶を浮き彫りにする「鍵」である。

「西の怨霊は、東の英雄へ」あるいは「縄文の英雄は、弥生の怨霊へ」といったレトリックも成り立つが、ことはそう簡単ではないだろう。だからヤマトの視点からばかり眺めていてもその解答は永遠に得られないというもので、そこで本書では視点の逆転を試みた。すなわち、スサノヲからの視点である。スサノヲは、もっぱらヤマトの都合によって動かされ描かれている。極論すれば、スサノヲはヤマトの犠牲とされている。——そんなスサノヲの〝濡れ衣〟を晴らすのが本書の目的の一つであった。

なにゆえ、スサノヲは〝人身御供《ひとみごくう》〟（生《い》け贄《にえ》、人身供犠《じんしんくぎ》）とされたのか。

それはすでに本文で繰り返し検証したように、ヤマトの神々を正当化するためであろう。ヤマトの神々を絶対的な存在とするために、また国譲りを正当化するためにも、すべての「罪という罪」は、ヤマトとは無関係の、なおかつ強力な存在である何ものかになすりつけて、ヤマトには「罪という罪はあらじ」としなければならなかったのだ。

質量ともに最大の祝詞《のりと》である「大祓詞《おおはらえのことば》」は次のようにしめくくられる。

「かく聞こしめしてば、皇御孫之命《すめみまのみこと》の朝廷《みかど》をはじめて、天の下四方《よも》の国には、罪という罪は在《あ》らじと、科戸《しなど》の風の天の八重雲《やえぐも》を吹き放つ事の如く、朝《あした》の御霧《みきり》夕の御霧《みきり》を、朝風夕風《あさかぜゆうかぜ》の吹き掃《はら》うことの如く、大津辺《おおつべ》に居る大船《おおぶね》を、舳《へ》解き放ち艫《とも》解き放ちて、大海原《おおうなばら》に押し放つことの如く、彼方《をちかた》の繁木《しげき》が本を、焼鎌《やきがま》の敏鎌《とがま》もちて打ち掃う事の如く、遺《のこ》る罪は不在《あらじ》と、祓《はら》へ賜《たま》ひ清《きよ》め賜《たま》ふ事を、高山《たかやま》の末《すゑ》短山《ひきやま》の末《すゑ》より、佐久那太理《さくなだり》に落ちたぎつ、速川《はやかわ》の瀬《せ》に坐《ま》す瀬織津比咩《せおりつひめ》と云ふ神、大海原《おほうなばら》に持ち出《いで》なむ。

かく持ち出往《いでい》なば、荒塩《あらしほ》の塩《しほ》の八百道《やほぢ》の、八塩道《やしほぢ》の塩《しほ》の八百会《やほあひ》に坐す、速開都比咩《はやあきつひめ》と云ふ神、持ちかか呑みてむ。
かくかか呑みてば、気吹戸《いぶきど》に坐す気吹戸主《いぶきどぬし》と云ふ神、根の国底の国に気吹放ちてむ。
かく気吹《いぶき》放ちてば、根の国底の国に坐す、速佐須良比咩《はやさすらひめ》と云ふ神、持ちさすらひ失ひてむ。
かく失ひてば、天皇《すめら》が朝廷《みかど》に仕へ奉る官官《つかさづかさ》の人等《ひとども》を始めて、天の下四方《よも》には、今日《けふ》より始めて罪と云ふ罪は在らじと、高天原《たかまのはら》に耳振り立てて聞く物と馬牽《ひ》き立てて、今年《ことし》の六月《みなづき》の晦日《つごもり》の夕日《ゆふひ》の降《くだち》の大祓《おほはらひ》に、祓へ給ひ清め給ふ事を諸《もろもろ》聞こし食《め》せと宣《の》る。
四国《よくに》の卜部《うらべ》等《ども》、大川道《おほかわぢ》に持ち退《まか》り出《いで》て、祓《はら》ひ却《や》れと宣《の》る。」

（『延喜式』六月晦大祓祝詞《みなづきのつごもりのおおはらえのりと》より／＊書き下し文は著者による）

このように、神々が総出で罪を祓い去ったと、祝詞全文のおおよそ三分の一にも上る分量の言霊《ことだま》によって（神々の御名と、祓いの手法とを）、重ねた上にもさらに重ねて宣言している。なんと異常で特別な表現であるだろう。

この「大祓詞《おおはらえのことば》」ほどの長大な祝詞は他に例を見ないが、ここまでの言霊の津波もまったくもって例がない。

これが示すものは、スサノヲが犯した罪がいかに大きいかということの過剰なまでの強調と、しかもそのすべてをヤマトは徹底的に払拭したのだという誇示である。「大祓詞」こそは、ヤマト国家の「禊《みそぎ》」そのものであろう。

ただ、ヤマトが権力の確立を誇示するのは良しとしても、そのためにスサノヲを不必要なまでに貶《おとし》めることは不条理というものであろう。これでは、誰が、どう見ても「スサノヲは敵」であるとしか読み取れない。英雄とならぬばかりか、究極の敵である。

　しかし、あくまでも祖神の一であり、なおかつ「三貴子」の一であることは論を俟たない。それでもなお、スサノヲを犠牲としたのは、やはり彼の正体が〝渡来〟であったことによるだろう。つまり、ヤマトの「純潔性の強調」は、ここから始まっているのだ。

「大祓詞《おおはらえのことば》」は、国の成り立ちを高らかに宣言するものである。ヤマト政権は、「大祓詞」によって樹立を宣言されたのだ。「大祓詞」こそは、いわば「ヤマト独立宣言」である。

　しかしながら、本当に「罪という罪はあらじ」と形容されるべきはスサノヲであろう。もともと高天原の住人ではないスサノヲは、「罪」の観念においても、高天原とは別世界の住人である。それが常世国《とこよのくに》なのか、はたまた波の彼方の異国《いこく》なのか不明であるが、天津罪国津罪の多くのことが、「罪」に問われない世界なのではないだろうか。

あとがき　ヤマトの世界観と乖離《かいり》するスサノヲ像

これまで、スサノヲについては折に触れて書いてきたので、本書は、いわばその集大成である。主題としたことこそなかったが、大半の著書で多かれ少なかれ何らかの形で触れてきたので、論考はかなり蓄積していた。それらを統括して、そろそろ一度まとめるべきタイミングになったようだというのが、本書執筆の出発点である。

まえがきで提示した課題に、本書で解読した「答え」は納得いただけたであろうか。スサノヲのあまりにも極端な毀誉褒貶《きよほうへん》の落差への、これが私の解釈である。

人類に先験的な「原罪」を与えることでその存在意義を問う手法は、本文でも触れたように『聖書《バイブル》』をはじめとして多くの宗教命題になっている。それを何処《どこ》で誰が最初に考え付いたのかは不詳であるが、かなり古くから世界的かつ普遍的なレトリックと化している。そしてわが国の神話においても、遅まきながらその手法は採用された。記紀、万葉の成立から考えて、おそらく八世紀に差しかかるあたりのことであろう。

いわゆる「聖典三書」以前にはわが国の神話というものがどのような構造であったのか知る由もな

いが、八世紀以後は、わが国も原罪思想の亜流に位置付けられたということである。新たな国家を発祥させるためには、何者かに、原罪を背負わせなければならなかったのだ。それによって「建国」という新たなスタートが切れることになる。これを神道では「禊《みそぎ》」という。つまり、この一点に関する限り、ヤマト政権とは、原罪思想によって禊をおこない、潔白を保証された宗教国家であったということである。そしてその犠牲とされたのが、本文に示す通りの次第である。

弥生時代の初期に国家としての萌芽はすでにあったとはいうものの、その後に統一政権となるに際して、精神的にも文化的にも明確な方向性を示す必要があったのだろう。それは、天皇（皇統）を軸とした「ヤマト民族」という概念の設定であり、いわば新たな「純血主義」である。長い縄文時代を経て、弥生時代においては急激に社会化が進み、それまでの散在する村落から、これによって統一された国家組織へと変貌を遂げたのだ。

日本列島は民族の吹き溜まりという説があるように、古来、北からも西からも南からも移民は絶え間なく無制限に流入してきたが、ヤマト政権はこの流れを断ち切って統一国家を樹立した。航海技術が進歩したことで、逆に流入に制限がおこなわれるとはなんとも皮肉なことであるが、人類の歴史とはそういうものだろう。

いずれにせよ、その建国の理念こそは「民族」であり「純血」であった。それまで列島に流入し続けてきていた人々の大半を、一括して単一民族であると定めたのである。むろん、生物学的あるいは医学的なものではなく、観念的なもの、哲学的なものとして、であるが。元々の出自が北方系であろうが南方系であろうが、建国時にこの列島に居住し、ヤマト言葉を用いて、天皇霊にまつろう人々を

「ヤマト民族」と定めたのだ。

しかしそのためには、比較するために貶《おとし》める犠牲者が必要であった。「異質な神」という存在は、ヤマト建国の保証となったのだ。

蘇我氏が排除されたのは、これと軌を一にしている。ヤマト政権が定まりつつある中で、蘇我氏の本宗家は「もう一つの朝廷」に、おそらくなりつつあったのだろう。当時、それほどの〝権威〟を蘇我氏は獲得していた。しかし権威に複数の併存ができようはずもなく、いずれどちらかが淘汰されるのは国家というものの宿命である。権力に友好はない。

ちなみに伊勢の神宮には遷宮のたびごとに代々継承され新調される調度品があって、これを御装束神宝というが、七一四種一五七六点に及ぶ神宝のその中にたった二口《ふり》、剣がある。玉纏御太刀《たままきのおんたち》と須賀《すが》利御太刀《りのおんたち》である。玉纏御太刀はその造作を形容した呼び名であるが、須賀利御太刀は名称由来は不明である。もしかするとこれは、「ソガ」の痕跡の一つかもしれないと、近頃私は考えている。


ところでアマテラス、ツクヨミ、ヒルコ、スサノヲの四神を総称して「四貴子」との馬琴の説を本文で紹介したが、天文との対比で捉えると、その中心に北極星が位置付けられることになる。そして日本神話では、天上の中心すなわち宇宙の中心として天之御中主神《あめのみなかぬしのかみ》が鎮座する。祖神とする氏族の存在しない別格の神であり、いわば根源の神である。文字通り「天の真ん中の主」であって、これを祭神として祀る神社は、実は全国に一四〇〇余社にも上る。氏神や始祖神として祀る氏族が存在しないにもかかわらず、広く信仰されるという不思議な現象が起きている。しかも何故か四国にその二割近くの二五〇〇社以上が集中している。

四国という土地は、縄文の痕跡の色濃い土地であるが、その地に最も多く祀られている神が、四貴子のさらに上位にあって、しかも最上位の中心という位置付けとなっているのは深い示唆を思わせる。
アメノミナカヌシ神は、幕末の国学者・平田篤胤《あつたね》が着目して広く知られるようになったが、それまでの長い年月を何者が何故に祀り続けてきたのか詳らかではない。スサノヲが日月星辰の「辰」の神であるとするならば、北天に輝く不動のアメノミナカヌシとは一対で「北辰」となる。そして何故か「北辰神社」さらには同系統の「星神社」も、四国では馴染み深い産土《うぶすな》神として古くより少なからず信仰されている。スサノヲの正体を求める旅は、さらに深い奥地に招かれているかのようだ。

令和二年皐月　戸矢　学

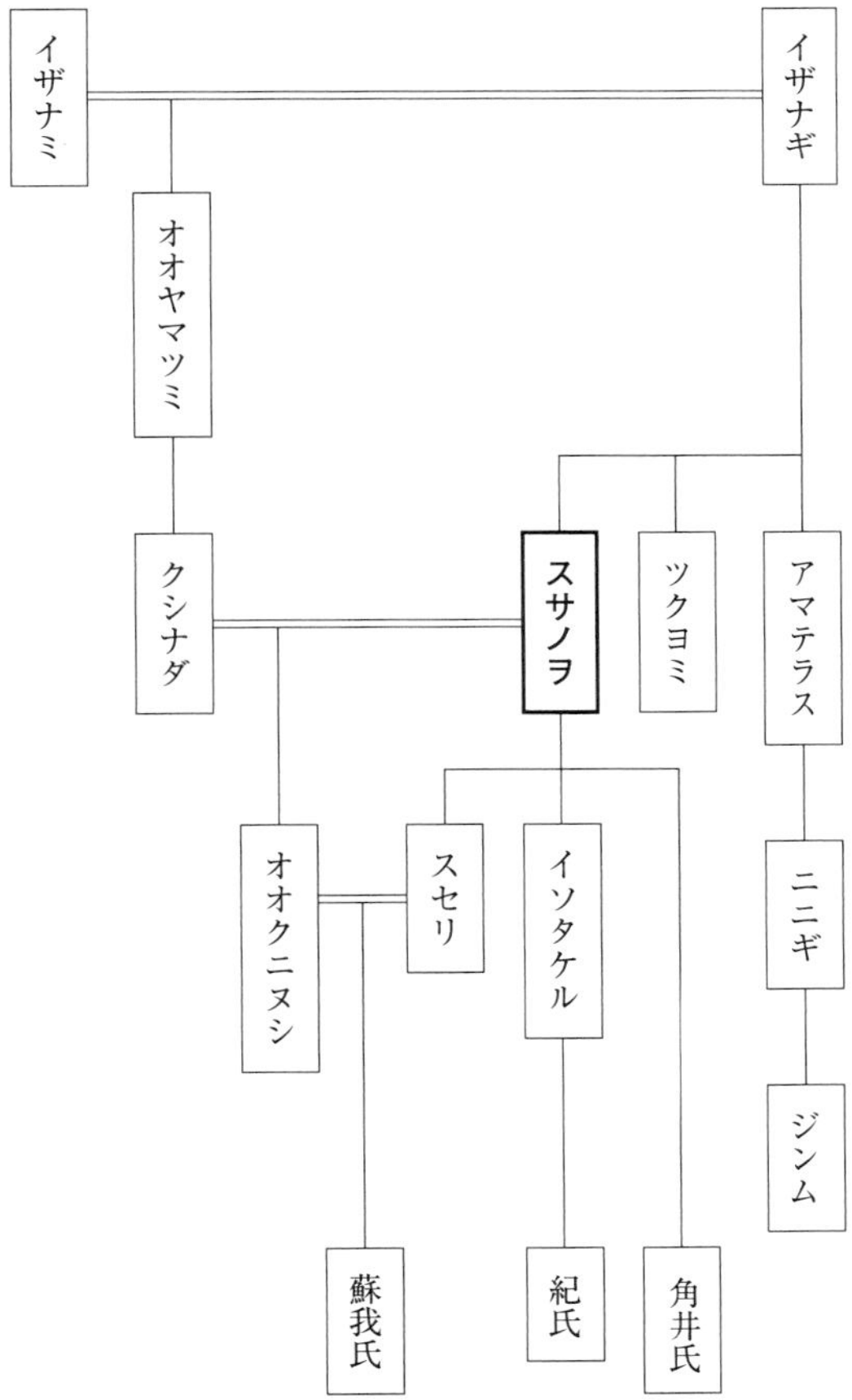
イザナミ
イザナギ
オオヤマツミ
クシナダ
スサノヲ
ツクヨミ
アマテラス
オオクニヌシ
スセリ
イソタケル
ニニギ
ジンム
蘇我氏
紀氏
角井氏

スサノヲ関連系図

【主な参考資料】（＊順不同）

『古事記』国史大系　吉川弘文館　二〇〇二年
『古事記伝』本居宣長　岩波書店　一九四〇年
『古事記』西宮一民校注　新潮社　一九八〇年
『日本書紀』國史大系　前編・後編　吉川弘文館　一九九三年
『日本書紀私記』國史大系　吉川弘文館　二〇〇三年
『日本書紀』岩波書店　二〇〇二年
『風土記』吉野裕訳　東洋文庫　平凡社　一九九四年
『新訂増補国史大系　交替式・弘仁式・延喜式』黒板勝美編　吉川弘文館　一九八一年
『延喜式』国史大系　前編　吉川弘文館　一九八一年
『延喜式祝詞教本』御巫清勇　神社新報社　一九八〇年
『校註　祝詞』保田與重郎　新学社　二〇〇二年
『延喜式』（日本歴史叢書）虎尾俊哉　吉川弘文館　一九九五年
『新撰姓氏録の研究　本文篇』佐伯有清　吉川弘文館　一九六二年
『神々の系図（正・続）』川口謙二　東京美術　一九九一年

『古事類苑　帝王部　神器』神宮司庁　一八九六年
『神器考証』栗田寛　國學院　一八九八年
『禁秘抄』順徳天皇　文亀二年版（一五〇二年）
『禁秘抄釈義』関根正直　一九〇〇年
『禁秘抄考註』牟田橘泉　故実叢書　一九〇六年
『神祇宝典　神器図』徳川義直撰　一六四六年

『宮中三殿並三大祭典御図』皇典講究所　一九〇八年
『宮中三殿並に祝祭日解説』皇典講究所　一九〇九年
『御大礼御写真帖』中村竹四郎・編　新橋堂書店　一九一五年
『三種の神器』本多辰次郎　東方書院　一九三四年
『帝室制度史　第五巻　第一編・天皇　第三章・神器』帝国学士院　ヘラルド社　一九四二年
『伊勢・熱田両神宮の神器と宮中の神器との関係』神社本庁　神社制度調査資料　一九五八年
『神道考古学講座　第五巻　祭祀遺跡特説』大場磐雄　雄山閣出版　一九七二年
『皇位継承』高橋紘・所功　文藝春秋　一九九八年
『天皇と民の大嘗祭』高森明勅　展転社　一九九〇年
『天皇の祭り　大嘗祭＝天皇即位式の構造』吉野裕子　二〇〇〇年　講談社
『平成の天皇と皇室』高橋紘　文藝春秋　二〇〇三年
『陰陽五行と日本の天皇』吉野裕子　人文書院　一九九八年
『古墳文化の成立と社会』今尾文昭　青木書店　二〇〇九年
『黒塚古墳　調査概報（大和の前期古墳Ⅲ）』奈良県立橿原考古学研究所　一九九九年
『古代海部氏の系図　新版』金久与市　二〇〇四年　学生社
『伊勢神宮――知られざる杜のうち』矢野憲一　角川学芸出版　二〇〇六年

『石上神宮宝物誌』石上神宮編　一九三〇年
『石上神宮文化財』奈良県教育委員会編　石上神宮社務所　一九六二年
『石上神宮宝物目録』石上神宮社務所　一九七四年
『石上神宮の七支刀と菅政友』藤井稔　吉川弘文館　二〇〇五年
『熱田神宮』篠田康雄　学生社　一九六八年
『高崎正秀著作集　第一巻　神剣考』桜楓社　一九七一年
『古代刀と鉄の科学』（考古学選書）石井昌國・佐々木稔　雄山閣出版　一九九五年
『日本青銅器の研究』杉原荘介　中央公論美術出版　一九七二年

『勾玉』水野祐　学生社　一九六九年
『弥生文化の研究８　祭と墓の装い』金関恕・佐原眞編　一九八七年　雄山閣
「勾玉のかたち」（『小林秀雄講演　第八巻』収録）小林秀雄　新潮社　二〇一〇年
『土偶』江坂輝弥　校倉書房　一九六七年
『日本原始美術大系４　鐸　剣　鏡』田中琢編　講談社　一九七七年
『土偶の知識』江坂輝弥・小野美代子　東京美術　一九八四年
『有識故実図典』鈴木敬三　吉川弘文館　二〇〇四年
『出雲国風土記の研究』田中卓　国書刊行会　一九九八年
『出雲国風土記』沖森卓也・佐藤信・矢島泉　山川出版社　二〇〇五年
『式内社調査報告書　第十八巻　山陰道１　式内社研究会編』皇學館大学出版部　一九八四年
『式内社調査報告書　第二十巻　山陰道３　式内社研究会編』皇學館大学出版部　一九八三年
『本居宣長全集　第七巻』筑摩書房　一九七一年
『出雲国造伝統略』千家武主編　一八八二年
『出雲大社』千家尊統　学生社　一九九八年
『大神神社』中山和敬　学生社　一九七一年
『古代研究Ｉ　祭りの発生』折口信夫　二〇〇二年　中央公論新社
『日本の神々――神社と聖地７　山陰』谷川健一編　二〇〇〇年　白水社
『日本人と福の神――七福神と幸福論』三橋健　二〇〇七年　丸善
『葬られた王朝　古代出雲の謎を解く』梅原猛　二〇一二年　新潮社
『神々の流竄』梅原猛　二〇〇二年　集英社
『荒神谷博物館　展示ガイドブック』斐川町教育委員会　出雲学研究所　斐川町　二〇〇五年
『荒神谷の謎に挑む』松本清張編著　角川書店　一九八七年
『出雲の銅鐸』佐原眞・春成修爾　ＮＨＫブックス　一九九七年
『加茂岩倉遺跡と古代出雲』佐原眞編　季刊考古学・別冊７　雄山閣　一九九八年

『出雲を原郷とする人たち』岡本雅享　藤原書店　二〇一六年
『蛇――日本の蛇信仰』吉野裕子　講談社学術文庫　一九九九年
『十二支考　蛇』南方熊楠　東洋文庫　平凡社　一九七二年
『常世論』谷川健一　講談社学術文庫　一九八九年
『現代語訳　神皇記――徐福が記録した日本の古代〈富士古文書〉』神奈川徐福研究会・神皇記刊行部会　今日の話題社　二〇一一年
『山の宗教』五来重　角川学芸出版　二〇〇八年
「富士をめぐる王権のまなざし」木村淳也　明治大学文学研究論集第二〇号　二〇〇三年
『官幣大社　氷川神社志要』官幣大社氷川神社御親祭五十年祝祭奉斎会　一九一七年
『埼玉の神社――北足立・児玉・南埼玉』埼玉県神社庁神社調査団　埼玉県神社庁　一九九八年
『埼玉縣の神社』埼玉県神職会編　国書刊行会　一九八四年
『武蔵国と氷川神社』西角井正文　岩田書院　発行年不明
『祭祀概論』西角井正慶　神社新報社　一九七七年
『埼玉県社寺宗教備忘抄録』大日本神祇会埼玉県支部編　一九四二年
『日本の神々　神社と聖地　11　関東』谷川健一編　白水社　一九八四年
『見沼　その歴史と文化』浦和市立郷土博物館　さきたま出版会　二〇〇二年
『全国神社祭祀祭礼総合調査』神社本庁　一九九五年
各神社由緒書

＊

本テーマの論証は多岐にわたるため、これまでの下記拙著において論述してきたスサノヲ関連稿を少なからず取り込んでいるが、論考は時とともに深化発展しているため大なり小なり変化していることを一言書き添えておく。

『ヒルコ　棄てられた謎の神』（高天原篇）
『オオクニヌシ――出雲に封じられた神』（京都篇・出雲篇）

『古事記はなぜ富士を記述しなかったのか　藤原氏の禁忌』（関東篇）
『ニギハヤヒ――「先代旧事本紀」から探る物部氏の祖神』（大和篇）
他
これらの中でも、とりわけ『古事記はなぜ富士を記述しなかったのか』は、当然ながら連結ないしは重複するところは少なくないのだが、本書とは目的テーマが異なるため、改稿ないしは加筆しているので、あらためて参照されたい。
その他、多くの図書資料、映像資料等を参考としており、各々の著者・編集者に、ここにあらためて謝意を表する。
なお、本文中に引用されている記紀をはじめとする古文献の書き下し文および訳文は、とくに但し書きのない限りすべて著者によるものである。

＊本書は書き下ろし作品です。

戸矢　学

（とや・まなぶ）

1953年、埼玉県生まれ。國學院大学文学部神道学科卒。

【主著】

『古事記はなぜ富士を記述しなかったのか――藤原氏の禁忌』河出書房新社（2019／『富士山、2200年の秘密』かざひの文庫、2014の増補改題版）

『縄文の神が息づく――一宮の秘密』方丈社（2019）

『鬼とはなにか――まつろわぬ民か、縄文の神か』河出書房新社（2019）

『東京ミステリー――縄文から現代までの謎解き1万年史』かざひの文庫（2019）

『アマテラスの二つの墓――東西に封じられた最高神』河出書房新社（2018）

『オオクニヌシ――出雲に封じられた神』河出書房新社（2017）

『深読み古事記』かざひの文庫（2017）

『縄文の神――よみがえる精霊信仰』河出書房新社（2016）

『神道入門』河出書房新社（2016）

『郭璞　「風水」の誕生』河出書房新社（2015）

『諏訪の神――封印された縄文の血祭り』河出書房新社（2014）

『神道と風水』河出書房新社（2013）

『三種の神器――〈玉・鏡・剣〉が示す天皇の起源』河出書房新社（2012）

『ニギハヤヒ――「先代旧事本紀」から探る物部氏の祖神』河出書房新社（2011／河出文庫版は『ニギハヤヒと『先代旧事本記』』と改題、2020）

『ヒルコ　棄てられた謎の神』河出書房新社（2010）

『怨霊の古代史』河出書房新社（2010）

『氏神事典――あなたの神さま・あなたの神社』河出書房新社（2009）

『カリスマのつくり方』PHP研究所（2008）

『天眼　光秀風水綺譚』河出書房新社（2007）

『ツクヨミ　秘された神』河出書房新社（2007／河出文庫、2014）

『陰陽道とは何か』PHP研究所（2006）　他

公式サイト『戸事記』https://toyamanabu.jimdo.com/

スサノヲの正体

ヤマトに祟る荒ぶる神

二〇二〇年 九 月二〇日　初版印刷
二〇二〇年 九 月三〇日　初版発行
著　者――戸矢 学
発行者――小野寺優
発行所――株式会社河出書房新社
〒一五一‐〇〇五一
東京都渋谷区千駄ヶ谷二‐三二‐二
電　話――〇三‐三四〇四‐一二〇一［営業］
〇三‐三四〇四‐八六一一［編集］
http://www.kawade.co.jp/
組　版――有限会社マーリンクレイン
印　刷――モリモト印刷株式会社
製　本――小泉製本株式会社

ISBN978-4-309-24976-6
Printed in Japan

戸矢学・著

オオクニヌシ

出雲に封じられた神

「国譲り」はなかった。古き民は、
新興国家ヤマトとの抗争に敗れ、
三輪の地を追われ、山背へ、そして
イヅモへと追いやられたのだ。
『古事記』の出雲神話は、
何を隠蔽しているのか――。
最大の謎の神オオクニヌシを解明する、
戸矢史観の到達点。

河出書房新社